新时代马克思主义经典文献精学导读丛书
主编/顾海良

《马克思学说的历史命运》
《马克思主义的三个来源和三个组成部分》
精学导读

闫方洁 孟睿 ◎著

科学出版社
北京

内 容 简 介

《马克思学说的历史命运》《马克思主义的三个来源和三个组成部分》是无产阶级革命导师列宁在马克思逝世30周年之际发表的两篇文献。这两篇文献，既是对马克思主义科学真理的捍卫，也是对马克思一生坚持不懈从事理论创造和理论斗争的最好注解。本书系统阐述了这两篇文献的写作背景、核心内容与当代价值，并在此基础上深度解析了列宁的马克思主义观。通过引导读者深入思考"什么是马克思主义""怎样对待马克思主义"等根本性问题，不仅展现了列宁对马克思主义的坚定信仰与科学态度，更为后继者树立了理论创新的典范——在坚持马克思主义基本原理的同时，立足时代特征创新发展理论体系，使马克思主义始终保持与时俱进的蓬勃生命力，为不同历史阶段的社会实践提供科学指导。

本书适合马克思主义理论类专业的本科生、研究生，以及广大党员干部和对马克思主义理论感兴趣的读者阅读。

图书在版编目(CIP)数据

《马克思学说的历史命运》《马克思主义的三个来源和三个组成部分》精学导读 / 闫方洁, 孟睿著. -- 北京：科学出版社, 2025.7. --（新时代马克思主义经典文献精学导读丛书 / 顾海良主编）. -- ISBN 978-7-03-082640-4

Ⅰ. A821.24

中国国家版本馆 CIP 数据核字第 2025RQ9267 号

责任编辑：刘英红 / 夏水云 / 责任校对：贾娜娜
责任印制：师艳茹 / 封面设计：润一文化

科学出版社 出版
北京东黄城根北街 16 号
邮政编码：100717
http://www.sciencep.com

天津市新科印刷有限公司印刷
科学出版社发行 各地新华书店经销

*

2025 年 7 月第 一 版　开本：720×1000　1/16
2025 年 7 月第一次印刷　印张：9
字数：120 000
定价：48.00 元
（如有印装质量问题，我社负责调换）

丛书编委会

主编：顾海良

成员：（以姓氏拼音字母为序）

艾四林　陈锡喜　丰子义　李佑新　刘　军

佘双好　孙蚌珠　孙代尧　孙来斌　孙熙国

王　东　王公龙　王宏波　王树荫　肖贵清

徐俊忠　张雷声

华东师范大学马克思主义学院资助出版

总　　序

"新时代马克思主义经典文献精学导读"是根据新时代学习马克思主义经典著作的需要，对各主要的经典著作所蕴含的马克思主义基本原理及其精神实质作出学习和研究性导读。

马克思主义基本原理是马克思主义的理论精粹，体现了马克思主义的根本性质和整体特征，体现了马克思主义立场观点方法的核心要义，体现了马克思主义科学性、人民性、实践性和时代性的思想特征。习近平总书记指出："掌握马克思主义，最重要的是掌握它的精神实质，运用它的立场、观点、方法和基本原理分析解决实际问题。"[1]在坚持和发展中国特色社会主义中，我们说"老祖宗"不能丢，在根本上就是马克思主义基本原理不能丢。

马克思主义基本原理深刻地蕴含于马克思主义经典著作之中；马克思主义经典著作是马克思主义基本原理的思想本源和理论基础。同时，马克思主义经典著作也蕴藏着马克思主义经典作家汲取人类探索真理的丰富的思想成果，深刻展现了马克

---

[1] 习近平：《中国共产党 90 年来指导思想和基本理论的与时俱进及历史启示》，《学习时报》2011 年 6 月 27 日。

《马克思学说的历史命运》《马克思主义的三个来源和三个组成部分》精学导读

思主义经典作家攀登科学高峰、矢志追求真理的精神境界。深入研读马克思主义经典著作是理解和掌握马克思主义基本原理的必修课,也是理解和掌握马克思主义理论体系的基本功。如习近平总书记所指出的:"共产党人要把读马克思主义经典、悟马克思主义原理当作一种生活习惯、当作一种精神追求,用经典涵养正气、淬炼思想、升华境界、指导实践。"①

"马克思主义就是我们共产党人的'真经','真经'没念好,总想着'西天取经',就要贻误大事!"②在提到学习《共产党宣言》的重要意义时,习近平总书记提出:"广大党员、干部特别是高级干部要学好用好《共产党宣言》等马克思主义经典著作,坚持学以致用、用以促学,原原本本学,熟读精思、学深悟透,熟练掌握马克思主义立场、观点、方法,不断提高马克思主义理论素养。"③理论联系实际,在深化马克思主义经典著作研究阐释中,"推进经典著作宣传普及,让理论为亿万人民所了解所接受,画出最大的思想同心圆"④。

"新时代马克思主义经典文献精学导读"对各经典著作的研究阐释,由北京大学、中国人民大学、北京师范大学等高校马克思主义学院从事马克思主义经典著作教学和研究的学者担

---

① 《十九大以来重要文献选编》上,中央文献出版社2019年版,第434页。
② 《习近平关于全面从严治党论述摘编》,中央文献出版社2016年版,第66页。
③ 习近平:《中国共产党是〈共产党宣言〉精神忠实传人》,《人民日报》2018年4月25日。
④ 习近平:《深刻感悟和把握马克思主义真理力量 谱写新时代中国特色社会主义新篇章》,《人民日报》2018年4月25日。

总　序

纲。在对各经典著作的研究阐释中，首先力求对各经典著作形成的社会和历史条件作出准确解读，凸显相应的马克思主义基本原理形成和发展的思想基础和理论背景；其次力求对各经典著作理论内涵和精神实质作出系统导读，彰显新时代学习和实践相应的马克思主义基本原理的理论意义和现实意义；最后力求对经典著作中体现的科学原理和科学精神相结合的思想特征作出全面论述，更为深刻地理解"历史和人民选择马克思主义是完全正确的，中国共产党把马克思主义写在自己的旗帜上是完全正确的，坚持马克思主义基本原理同中国具体实际相结合、不断推进马克思主义中国化时代化是完全正确的"[1]。

"要以科学的态度对待科学，以真理的精神追求真理，不断赋予马克思主义以新的时代内涵。"[2]习近平新时代中国特色社会主义思想就是当代中国马克思主义，就是 21 世纪马克思主义。学习马克思主义经典著作，要同学习习近平新时代中国特色社会主义思想结合起来。在这一结合中，更为深刻地理解习近平新时代中国特色社会主义思想，更有定力、更有信心，也更加自觉、更加自信地坚持和发展新时代中国特色社会主义，确保中华民族伟大复兴的巨轮始终沿着正确航向破浪前行。

顾海良

2019 年 11 月 1 日

---

[1]《十九大以来重要文献选编》上，中央文献出版社 2019 年版，第 427—428 页。

[2] 习近平：《深刻感悟和把握马克思主义真理力量 谱写新时代中国特色社会主义新篇章》，《人民日报》2018 年 4 月 25 日。

目　录

第一章　创作背景：世纪之交的世界图景 …………………… 1
　一、为纪念马克思逝世 30 周年而作 …………………… 2
　二、世界历史进入帝国主义和无产阶级革命新时代 …… 5
　三、反对修正主义与机会主义，拉开"革命战斗的
　　　序幕" …………………………………………………… 9
　四、通过思想上的拨乱反正重振革命高潮 ……………… 12
第二章　"头脑与心脏"：马克思学说与无产阶级革命的
　　　　密切关系 ………………………………………………… 18
　一、马克思主义阐明无产阶级的"世界历史"作用 …… 19
　二、马克思主义在"全世界"无产阶级革命中获得
　　　证实 …………………………………………………… 25
　三、马克思主义指引无产阶级获得更大的胜利 ………… 31
第三章　"三个时期"：对马克思主义发展历程的划分 …… 39
　一、"1848—1871"：革命斗争对"五花八门"的
　　　社会主义的致命打击 ………………………………… 39
　二、"1872—1904"：革命准备阶段理论敌人上演
　　　"历史的辩证法" ……………………………………… 47
　三、"1905—1913"：亚洲革命风暴中马克思主义的
　　　再次胜利 ……………………………………………… 55

《马克思学说的历史命运》《马克思主义的三个来源和三个组成部分》精学导读

第四章 马克思主义绝不是"故步自封、僵化不变"的
学说 ····································· 61
一、马克思主义是世界文明发展的思想精华 ·········· 62
二、马克思学说是 19 世纪三大优秀成果的"当然
继承者" ································ 66
三、扬弃与超越:马克思主义对人类种种问题的
天才回答 ······························· 72

第五章 马克思主义具有严整的科学体系 ············· 79
一、伟大的认识工具:完备而彻底的哲学唯物主义 ····· 80
二、理论的基石:剩余价值学说与马克思经济理论 ····· 86
三、真正的出路:阶级斗争学说与科学社会主义 ······ 94
四、马克思主义是完整的世界观 ··················· 101

第六章 列宁的马克思主义观及其当代启示 ············ 107
一、"什么是马克思主义" ······················ 108
二、"怎样对待马克思主义" ···················· 115
三、谱写马克思主义中国化时代化的新篇章 ·········· 123

第一章 创作背景：世纪之交的世界图景

19世纪末20世纪初，世界资本主义进入帝国主义阶段，并出现了一些前所未有的新变化。从经济层面表现出来的暂时性繁荣来看，资本主义基本矛盾似乎已经不再那么尖锐；从阶级关系的呈现形态来看，议会斗争取得了很大胜利，无产阶级和资产阶级的矛盾似乎也趋于缓和；从政治生活层面来看，资产阶级的统治策略也更多地朝温和、改良的方向转变，资本主义社会的发展进入了一个相对较长的和平时期。资本主义世界上述诸种变化引起了这一时期理论家、革命家对马克思主义及其历史命运的广泛争论。其中，以伯恩施坦为首的机会主义派宣称马克思主义某些原理已经"过时"了，必须进行系统修正，由此掀起了一股修正马克思主义的狂潮。在这一趋势下，各国机会主义派别蜂拥而起，"一起攻击'教条式的'马克思主义"[1]。对马克思主义的歪曲、诋毁一时间成为当时的"潮流"趋势。

20世纪初的俄国在西欧资本主义的猛烈冲击下，同样正处在社会发展的十字路口，社会形势风起云涌，"俄国的历史一日千里地向前发展，现在的一年有时要超过平静时期的几十

---

[1]《国际共运史研究资料》第5辑，人民出版社1982年版，第83页。

《马克思学说的历史命运》《马克思主义的三个来源和三个组成部分》精学导读

年"①。由于长期受到封建农奴制的制约,俄国社会经济发展迟缓,社会矛盾纷繁交错。垄断资产阶级与无产阶级的矛盾、沙皇专制政府与人民大众的矛盾,以及民族矛盾等纵横交织,使得俄国社会局势更加复杂动荡。一大批俄国知识分子开始思考"俄国向何处去?"的现实问题。而在上述国际大背景的影响下,俄国也产生了自由主义民粹派思想、合法马克思主义等各种机会主义思潮。在这一背景下,作为一名极具使命感的马克思主义者和无产阶级领袖,深入批判修正主义及其在俄国的变种,坚决捍卫马克思主义理论的科学性和真理性,在俄国工人阶级中宣传革命的、科学的马克思主义理论,成为列宁在世纪之交面临的重大时代使命。列宁于1913年先后写出了《马克思学说的历史命运》《马克思主义的三个来源和三个组成部分》等系列著作,系统阐明了马克思主义理论体系及其强大生命力,为捍卫马克思主义的真理性与革命性作出了不可磨灭的贡献。

一、为纪念马克思逝世30周年而作

1883年3月14日,无产阶级革命的伟大导师、科学共产主义学说的创始人、德国经济学家和哲学家卡尔·马克思在伦敦逝世。恩格斯在马克思墓前的讲话中总结了马克思一生的卓越贡献,他指出,正像达尔文发现有机界的发展规律一样,马

---

① 《列宁全集》第6卷,人民出版社2013年版,第365页。

第一章　创作背景：世纪之交的世界图景

克思发现了人类历史的发展规律；发现了现代资本主义生产方式和它所产生的资产阶级社会的特殊运动规律。马克思的头脑虽然停止了思考，但是马克思主义理论的科学性和真理性是不可磨灭的。虽然马克思逝世了，但是他和恩格斯共同创立的理论，仍然在风云变幻的时代中熠熠闪光。在马克思逝世30周年之际，列宁发表的《马克思学说的历史命运》《马克思主义的三个来源和三个组成部分》这两篇文献，既是对马克思主义科学真理的捍卫，也是对马克思一生坚持不懈从事理论创造和理论斗争的最好注解。

马克思逝世后的30年间，西方资本主义社会发生了深刻变革，资本主义经济、政治、文化等方面发生了巨大变化，自由竞争的资本主义逐步向垄断资本主义过渡，时代主题由稳定发展逐渐转变为战争与革命。同时，随着资本主义步入帝国主义阶段，国际工人运动也相应出现许多新情况，面临诸多新问题。一些国际工人运动的领导者不能正确理解马克思主义的理论实质与内在要求，不能正确把握革命策略和革命方式，无法因时而变、因事而变，社会主义运动的前途和命运受到了极大影响。而"青年马克思派"和"伯恩施坦分子"则不断地寻找马克思主义理论过时的证据，他们称马克思主义的资本主义危机理论和历史发展理论是过时的假说，马克思主义的阶级斗争理论和无产阶级革命理论是过时的教条，等等。随着所谓"证据"的不断积累，他们开始对马克思主义的基本立场和观点产生怀疑，进而开始质疑、否定马克思主义的科学性和时代意义。

这对当时俄国重新兴起的革命高潮产生了不可忽视的消极影响，给俄国工人阶级运动造成了严重干扰。

例如，在19世纪末20世纪初，俄国相继出现了变种的伯恩施坦主义、自由主义、民粹主义、合法马克思主义和经济主义等思潮。这些思潮的支持者崇拜工人运动的自发性，否定政治斗争和革命理论，否定打碎旧的国家机器的必要性，主张走改良主义的道路，认为通过和平的议会的途径就能达到社会主义。由此一来，在当时的俄国出现了理论和现实相互矛盾甚至掣肘的奇怪画像。一方面，在现实中，马克思所指明的革命浪潮在俄国逐渐形成规模；另一方面，在理论上，马克思主义不断遭到反革命势力的歪曲和修正。俄国民粹主义通过宣传种种改良主义以拒绝和排斥马克思主义，取消派则散布悲观失望情绪、反对党对工人运动的领导，第二国际的机会主义者也公开散布资本主义反动思想，等等。这些人反对马克思主义的理论基础和基本原理，造成了工人群众思想认识上的严重混乱。

可见，不重申马克思主义的基本原理，马克思、恩格斯的理论结晶就无法在俄国结出果实，甚至本身也面临被"腐化"的风险。因此，此时对这股修正主义的思潮进行批判不仅事关俄国革命的前途，还事关马克思、恩格斯所开创的革命道路能否延续，事关马克思主义理论的生命力。列宁通过写作多篇论文来反对以上种种错误思潮，这样既可以达到正确认识和宣传马克思主义基本原理的目的，也是对伟大导师逝世30周年的最好纪念。

二、世界历史进入帝国主义和无产阶级革命新时代

列宁写道,"马克思学说中的主要的一点,就是阐明了无产阶级作为社会主义社会创造者的世界历史作用"[①]。那么,在世纪之交,在自由竞争的资本主义向垄断资本主义过渡的时代,面对资本主义生产力、生产关系、政治关系等领域发生的巨大变化,无产阶级还能否发挥自身的革命作用呢?可以说,对这一核心问题的探索,构成了列宁写作这两篇文献的重要思想背景。

19世纪末20世纪初,资本主义经济、政治、文化等方面发生了巨大变化,生产力和生产关系的变革推动资本主义进入帝国主义时代。在生产力层面,由于第二次工业革命的推动,资本主义生产力实现了新发展。科学技术转化为巨大的生产力,极大地拓宽了工业发展的空间。这一时期,欧美主要资本主义国家工业发展的重心偏向重工业,以及交通运输业。电力、化学、冶金和机械制造等部门发展迅速,汽车、火车、轮船成为主要的交通工具。在生产关系层面,随着信用制度快速发展,自由竞争的资本主义向垄断资本主义过渡。商品经济的发展,必然带来市场的扩张,促使信用制度快速发展和不断完善,从商业信用发展到银行信用再到国家信用。在信用制度的催化下,资本在各部门自由地快速移动,资本主义内部竞争也日益激

---

① 《列宁全集》第23卷,人民出版社2017年版,第1页。

烈。自由竞争引起生产集中，生产集中发展到一定程度则必然走向垄断。

垄断资本主义的进一步发展必然带来社会关系方方面面的变化。世纪之交，资本主义社会关系的变化首先最直观地表现在国家与国家之间的政治关系上。从当时的世界背景来看，资本主义国家殖民地的生产不断发展，给本土带来了严重的农业危机，于是更多的农村人口来到城市谋生，加快了城市化进程。美国的异军突起就是这一进程的典型代表。工业革命和殖民扩张带来的工业化发展及城市化进程是美国突飞猛进的重要原因。20世纪初，美国工业化完成，并逐步确立其世界经济强国的地位，此时的美国不再满足于国内经济的增长，一方面政府与国家相互结合，政府职能与国家权力迅速强化，另一方面美国转而把目光投向国外的多个地区，渐渐地，资本主义的世界市场不仅集中于欧美国家，更扩展到了俄国、澳大利亚、南非、阿根廷等地区。扩大的世界市场、便捷的交通、垄断的超额利润等，无不诱惑着资本主义国家迅速夺取他国的政治资源、经济资源。在这种大趋势下，帝国主义时代的来临就成了历史必然。

资本主义进入帝国主义时代，不仅影响了欧美资本主义社会，也对世界其他国家产生了巨大影响。在帝国主义掀起的殖民扩张运动中，广袤的亚洲首当其冲。19世纪末期，越南、缅甸、中国等被帝国主义国家侵略，被迫卷入世界资本主义体系。进入20世纪初期，欧美帝国主义国家的殖民侵略已经遍及世界各地，欧洲帝国主义国家成为最大赢家，产生了卡特尔、辛迪

第一章　创作背景：世纪之交的世界图景

加、托拉斯等国际垄断同盟。它们首先瓜分国内市场，进而按资本、实力对世界市场进行瓜分。对此，列宁指出，帝国主义已经从萌芽状态生长为统治的体系，资本主义垄断组织在国民经济和政治中居于首要地位。

总而言之，上述资本主义经济关系与社会关系的种种变化，最终引起了19世纪与20世纪之交社会阶级力量的对比与关系的新变化。一方面，自由竞争的资本主义向垄断的资本主义的过渡，给帝国主义国家内部带来了社会分化，加剧了国内的社会冲突和矛盾张力。另一方面，帝国主义的殖民扩张又将这种冲突从国内扩展到国际，世界四分五裂，殖民地的人民饱受痛苦。总体来说，无产阶级的队伍在帝国主义时代不断扩大，但与之相伴的是，队伍的扩大又给革命领域带来了新情况和新问题。

首先，无产阶级队伍不断扩大，阶级成分日益复杂，阶级基础出现动摇，政党派别分化，内部分歧严重。如上所述，马克思、恩格斯逝世后，工人运动的指导思想产生了一定的混乱。随着党员人数的增加，党派分化日趋复杂，各党派领导人对工人运动的指导思想和路线政策存在不同意见。例如，德国社会民主党内拉萨尔派和埃森纳赫派的分歧；法国工人党成立之初盖得派和可能派的分裂；1899年以饶勒斯为首的右倾机会主义集团支持米勒兰入阁，导致法国社会主义政党组织上的分裂；俄国社会民主工党内部以列宁为首的布尔什维克和以马尔托夫为首的孟什维克的分裂与斗争；等等。可见，由于受到第二国

《马克思学说的历史命运》《马克思主义的三个来源和三个组成部分》精学导读

际修正主义浪潮的影响，党内机会主义分子蠢蠢欲动，纷纷开始曲解马克思主义、宣传经济主义，并否认进行政治斗争的必要性。各国社会民主党陷入思想混乱、组织涣散的危险境地。

其次，面对无产阶级队伍的不断壮大，资产阶级也逐渐放弃了之前对无产阶级的单纯暴力镇压，转而采取分裂工人的策略，通过各种举措腐化工人运动。随着资产阶级斗争策略的改变，工人中间的机会主义倾向更加明显，一些无产阶级开始逐步放弃暴力抗争，采取所谓的和平手段，如资产阶级议会、普选权等，并在为自己争取到一定程度的利益之后，发生了革命立场的动摇。

由此一来，党的理论家们急需回答清楚以下问题：垄断阶段在整个资本主义社会的发展过程中究竟占据什么地位？这一发展阶段同无产阶级社会革命又是什么关系？无产阶级运动的方向与方式是否要发生根本性转变？此时的无产阶级运动究竟应该如何进行下去？等等。事实上，此时的列宁对资本主义发展现状和帝国主义的特性已经有了初步的系统认知。他提出，垄断是帝国主义的经济实质，帝国主义是资本主义发展的一个阶段。正如在经过了成熟的思考和分析之后列宁所指出的那样："帝国主义是垂死的资本主义，向社会主义过渡的资本主义，因为从资本主义中成长起来的垄断已经是资本主义的垂死状态，是它向社会主义过渡的开始。"[①]

[①]《列宁全集》第28卷，人民出版社2017年版，第71页。

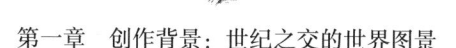

总之，在世界进入以战争与革命为主题的时代条件下，面对世纪之交资本主义的新变化以及由此带来的对工人革命运动的复杂影响，列宁通过回到马克思主义基本原理的方式，在《马克思学说的历史命运》等文章中，运用马克思主义的立场、观点和方法分析社会现实条件，在坚持、捍卫马克思主义的基础上进一步发展了马克思的革命理论。列宁把阶级斗争和无产阶级专政的学说看作马克思主义思想体系的重心，并强调无论是在理论上还是在实践上，都不能放弃使用革命手段，倘若否认这一点，就意味着把无产阶级的社会主义归结为资产阶级的自由主义。

三、反对修正主义与机会主义，拉开"革命战斗的序幕"

列宁的这两篇文献正是在战火逼近的年代写成的。1914年7月底，第一次世界大战爆发。8月1日，德国对俄国宣战后，沙皇政府在国内进行总动员。那么，此时的无产阶级革命力量在这场战争面前应该秉持什么样的立场、扮演什么样的角色呢？

面对帝国主义点燃的战火，第二国际的首领们却彻底背叛了马克思主义的无产阶级革命学说，极力鼓吹"社会和平"，为本国反动政府涂脂抹粉，为帝国主义战争推波助澜。例如，伯恩施坦声称，马克思主义的某些重要原理已经过时，必须对它进行系统的修正。修正主义所指引的改良道路与工人运动中右派和中派的斗争策略沆瀣一气，把社会主义运动引入了歧途。

《马克思学说的历史命运》《马克思主义的三个来源和三个组成部分》精学导读

德国社会民主党和第二国际中其他政党的一些领导人对修正主义的本质认识不清，没有认识到修正主义的危害，只把修正主义当作个别情绪、个别决策失误，没有采取严肃措施。另外，某些派别则是由于害怕党的分裂而容忍了修正主义。总之，在他们的极力鼓吹下，马克思学说所阐明的无产阶级作为历史革命者、创造者的使命被视而不见，在重大历史时刻无产阶级本应发挥历史主体作用却被无情漠视。

在这一严峻形势下，列宁领导的俄国布尔什维克联合各国党的左派力量，与第二国际机会主义者展开了激烈的斗争。列宁在文中通过对马克思主义的正本清源，努力肃清修正主义、机会主义的消极影响，通过思想上的拨乱反正来拉开革命斗争的序幕。在这两篇文献中，列宁不仅全面揭示了修正主义在哲学、政治经济学和政治领域的错误，还深刻剖析了产生修正主义的阶级根源，同时认为，马克思主义对修正主义的思想斗争将是无产阶级所进行的伟大革命战斗的序幕。

例如，在哲学方面，修正主义主张"回到康德那里去"，同时，马赫主义等唯心主义哲学也妄图歪曲马克思主义。对此，列宁指出，"费尔巴哈、马克思、恩格斯的整个学派，从康德那里向左走，走向完全否定一切唯心主义和一切不可知论。而我们的马赫主义者却跟着哲学上的反动派别走，跟着以休谟主义和贝克莱主义的观点去批判康德的马赫和阿芬那留斯走"[①]。

[①]《列宁全集》第18卷，人民出版社2017年版，第211页。

第一章　创作背景：世纪之交的世界图景

列宁说道，如果这两种思想硬说自己是马克思主义者，硬说只是对马克思主义作了"补充"，那么这实在是令人十分厌恶的。在政治经济学方面，修正主义者竭力用"经济发展的新材料"影响公众，认为阶级矛盾有缓和的趋势，并声称资本主义"崩溃论"是站不住脚的。这无疑是对无产阶级所处历史地位的"视而不见"。在对待社会主义运动的态度上，修正主义的一句话风行一时——"运动就是一切，最终目的算不了什么"[①]。列宁则一针见血地指出，"临时应付，迁就眼前的事变，迁就微小的政治变动，忘记无产阶级的根本利益，忘记整个资本主义制度、整个资本主义演进的基本特点，为了实际的或假想的一时的利益而牺牲无产阶级的根本利益，——这就是修正主义的政策"[②]。

彼时，在以伯恩施坦为代表的修正主义和以考茨基为代表的机会主义等错误思想的挑战下，以卢森堡、梅林、普列汉诺夫和拉法格为代表的马克思主义左派理论家竭力反对它们对马克思主义的"修正"和破坏。左派理论家否认资本主义社会发生了根本变化。他们认为，无论是在无产阶级革命策略上，还是在马克思主义基本理论上，都必须坚持其创始人的观点。左派理论家对马克思主义理论的正确立场，一定程度上抵御了马克思主义"过时论""教条论"等错误观点的影响。列宁也高度评价了这种思想斗争对马克思主义的意义，他说，马克思主

[①]《列宁全集》第17卷，人民出版社2017年版，第17页。
[②]《列宁全集》第17卷，人民出版社2017年版，第17页。

义从来都不是一下子就巩固了自己的思想地位的。斗争，是澄明马克思主义、证明马克思主义、发展马克思主义、壮大马克思主义的唯一路径。

列宁在《马克思学说的历史命运》等文章中就已详细记叙了马克思主义在其生命途中的每一步都是在战斗的历史命运。马克思主义在它存在的前半个世纪中，从19世纪40年代起，就一直在同那些与它根本敌对的理论进行斗争。"在40年代前5年，马克思和恩格斯清算了站在哲学唯心主义立场上的激进青年黑格尔派。40年代末，在经济学说方面进行了反对蒲鲁东主义的斗争。50年代完成了这个斗争，批判了在狂风暴雨的1848年显露过头角的党派和学说。60年代，斗争从一般的理论方面转移到更接近于直接工人运动的方面：从国际中清除巴枯宁主义。70年代初在德国名噪一时的是蒲鲁东主义者米尔柏格，70年代末则是实证论者杜林。但是他们两人对无产阶级的影响都已经微不足道了。"[①]到19世纪90年代，马克思主义已经绝对地战胜了工人运动中的其他一切思想体系，这一胜利大体上完成了。

四、通过思想上的拨乱反正重振革命高潮

俄国 1905—1907 年资产阶级民主革命失败后，以斯托雷

[①]《列宁全集》第17卷，人民出版社2017年版，第12页。

第一章　创作背景：世纪之交的世界图景

平为大臣会议主席的沙皇专制政府，疯狂地向革命人民反攻倒算，夺走人民在政治、经济方面获得的胜利成果，残酷镇压革命党人和工农群众。俄国社会民主工党的各级组织及党领导的工会等群众合法团体遭到严重破坏，它们的领导人成批被捕，党员和工会会员人数急剧下降。面对反动派的疯狂进攻，革命的一些"同路人"陷入悲观和动摇，甚至公然背弃革命。修正主义和机会主义在俄国趁机变种为取消派、召回派、民粹主义、合法马克思主义等，工人阶级运动也因此受到严重干扰。

例如，取消派否认无产阶级在资产阶级民主革命中的领导权，而且宣称俄国的资产阶级民主革命已经结束，专制制度已经转变为资产阶级君主制。他们主张放弃党的革命纲领和策略，取消党的秘密组织和秘密工作，不惜以任何代价求得党的合法存在。取消派在工人运动内部推行资产阶级自由派的政策，列宁称取消派是"斯托雷平工党"。列宁批评道，"取消派分子谢多夫综合了所有取消派分子的意见，他写道，马克思主义者提出的'三条鲸鱼'①中，有两条目前不宜用来鼓动。他保留了八小时工作制这一条，因为这一条从理论上讲是可以作为一项改良实现的。他取消或弃置一旁的恰恰是超出改良范围的东西。可见，他堕入了最明显的机会主义，执行的恰恰是以最终

---

① 三条鲸鱼意即三大支柱或三个要点，典故出自俄国关于开天辟地的民间传说：地球是由三条鲸鱼的脊背支撑着的。布尔什维克常在合法报刊和公开集会上以"三条鲸鱼"暗指建立民主共和国、没收地主全部土地、实行八小时工作制这三个基本的革命口号。

目的微不足道这一公式为内容的政策"①。1912年俄国社会民主工党一月代表会议肯定了俄国新的革命高潮已经开始显露出来，规定了党在新的条件下的政治路线和策略。代表会议还宣布取消派的所作所为已使他们完全置身于党外，决定把他们清除出党。

同时，布尔什维克内部则出现了一个"形左实右"的小资产阶级知识分子派别——召回派。他们无视革命转入低潮的客观形势，还在重复革命高潮时期的口号，以波格丹诺夫、卢那察尔斯基等为代表的召回主义，要求从杜马中召回俄国社会民主工党的代表。他们坚决拒绝在工会、合作社和其他合法、半合法的群众组织中进行工作，竭力主张进行秘密活动，力图取消利用合法团体的机会，使党脱离工人阶级，反对党对非党群众的领导。召回派的活动同样威胁着党的存在，因为党一旦放弃合法斗争的机会，必然变成脱离群众的小宗派，党作为无产阶级先锋队应起的领导作用也就无从谈起。因此，列宁称召回主义是"来自左面的取消主义"。他说道："'召回主义'是极其愚蠢和极其贫乏的。另外一些人则抓住片言只语，用一些自己不懂的话来编制'自己的路线'，空喊什么'抵制主义、召回主义、最后通牒主义'，并用这种空喊来代替当前历史条件所规定的无产阶级的革命工作，他们还从布尔什维克中搜罗

---

① 《列宁全集》第24卷，人民出版社2017年版，第2页。

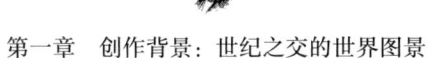

第一章 创作背景：世纪之交的世界图景

形形色色思想不成熟的人来建立新的派别。"①为此，列宁号召广大工农群众学会马克思主义，学会社会民主主义的工作，坚决同他们做斗争，"因为他们正在用理论上的修正主义，用政策上和策略上的市侩方法腐蚀工人政党"②。

同时，俄国还存在着民粹主义思想和合法马克思主义。民粹主义力图将英、法的空想社会主义俄国化。赫尔岑等民粹主义思想先驱试图将圣西门等人的理论搬到俄国，但发现俄国的情况不同于西欧。于是乎，他们宣称：俄国虽然没有工人，但俄国的农夫是天生的共产主义者；俄国虽然不如西欧经济发达，但比西欧更容易走社会主义道路。但是，随着俄国工人运动的进一步发展，民粹主义的空想性弊端日益彰显，特别是它在蜕变为自由派民粹主义以后，日益成为马克思主义在俄国传播的思想障碍。与民粹主义相反，合法马克思主义美化资本主义发展道路，认为社会主义在俄国缺乏现实性。19世纪90年代，在俄国工人运动蓬勃发展、马克思主义广泛传播的情况下，司徒卢威、巴兰诺夫斯基、布尔加科夫等人经常利用马克思主义的某些词句，在当时经过沙皇政府批准的合法报刊上发表有利于资产阶级的文章。针对合法马克思主义者宣扬马克思的资本主义经济危机论已经过时、资本主义阶级矛盾呈减弱和缓和趋势的言论，列宁讽刺散布这样言论的人是"最近视的人"，因

---

① 《列宁全集》第19卷，人民出版社2017年版，第107页。
② 《列宁全集》第19卷，人民出版社2017年版，第107页。

《马克思学说的历史命运》《马克思主义的三个来源和三个组成部分》精学导读

为"各个危机的形式、次序和情景是改变了,但是危机仍然是资本主义制度的不可避免的组成部分"①。

总之,革命的失败不仅带来了政治上的动摇和背叛、组织上的涣散和瓦解,也导致了思想上的混乱和倒退。这一时期,正如列宁所说,"追求哲学唯心主义的倾向加强了;神秘主义成了掩盖反革命情绪的外衣"②,形形色色的唯心主义泛滥,对马克思主义的"批评"成为时髦。思想上的混乱无疑会使革命低潮"雪上加霜",此时的马克思主义者必须扛起思想斗争的重任,运用唯物辩证法准确把握时代形势,全面分析时代特征,制定正确的革命策略。这构成了列宁写作《马克思学说的历史命运》《马克思主义的三个来源和三个组成部分》等文献的重要时代缘由。

在革命热潮重新高涨的关键时刻,以列宁为首的布尔什维克认真总结俄国第一次革命的经验教训,客观分析革命失败后的政治形势、各种阶级力量的政治动向及俄国社会的基本矛盾,指出引起革命的经济社会原因并没有消失,革命的任务并没有完成,因此新的革命不可避免。同时,列宁坚决同取消派和召回派进行不懈的斗争,领导布尔什维克在极其艰难的条件下把合法工作和秘密工作结合起来,千方百计集聚力量,团结教育广大干部和群众,为克服党内的政治危机和组织危机做了大量

---

① 《列宁全集》第17卷,人民出版社2017年版,第15页。
② 《列宁全集》第39卷,人民出版社2017年版,第8页。

工作，尽力挽回取消派和召回派造成的损失。通过写作这些文献，列宁集中重申了马克思主义的科学性、整体性和革命性，并根据时代变化的新特征高度颂扬了亚洲国家真正掀起的革命热潮，要求无产阶级学会运用马克思主义的理论武器，学会运用这一人类伟大的认识工具，在马克思主义的正确指引下完成自身使命。

第二章 "头脑与心脏"：马克思学说与无产阶级革命的密切关系

马克思在《〈黑格尔法哲学批判〉导言》一文中作出了关于"头脑"与"心脏"的经典比喻："这个解放的头脑是哲学，它的心脏是无产阶级。哲学不消灭无产阶级，就不能成为现实；无产阶级不把哲学变成现实，就不可能消灭自身。"[①]这一比喻生动阐明了马克思主义哲学和无产阶级之间密不可分的内在联系，也指出了马克思主义只有同无产阶级解放斗争的实践相结合，理论只有掌握群众，才能转化为物质力量，变成现实。列宁在《马克思学说的历史命运》一文的最后，使用了"马克思主义这个无产阶级的学说"这一表述，体现了对无产阶级与马克思主义内在关系的精准把握。在这一文献中，列宁从历史与现实的双重维度出发，详细考察了马克思主义与无产阶级休戚与共、相互成就的历史命运。

---

① 《马克思恩格斯选集》第 1 卷，人民出版社 2012 年版，第 16 页。

第二章 "头脑与心脏"：马克思学说与无产阶级革命的密切关系

一、马克思主义阐明无产阶级的"世界历史"作用

列宁在《马克思学说的历史命运》的开篇提出，"马克思学说中的主要的一点，就是阐明了无产阶级作为社会主义社会创造者的世界历史作用"①。这一论断言简意赅，阐明了无产阶级在推动世界历史进步中必然、必须承担的使命，即世界历史的进程是由无产阶级所推动的，推动世界历史不断进步的任务也只有无产阶级才能完成，无产阶级必须以高度的主体意识自觉承担这一历史使命。

而马克思之所以可以"发现"无产阶级在世界历史中的重大作用，归根到底是建立在历史唯物主义科学发现的基础上的。马克思主义不同于任何形形色色的社会主义学说，也不同于黑格尔的唯心主义和费尔巴哈的机械唯物主义，它从正确分析"市民社会"和现实的物质基础入手，找到了揭开人类社会发展规律的密钥，创见性地阐明了人民群众在世界历史进程中的历史主体作用，从而为无产阶级实现共产主义提供强大的精神信念及科学理论指导。

马克思在 1833 年写作的《查理大帝》一诗中指出，"在无穷无尽的世界历史上，他将永远不会被人遗忘，历史将为他编织一顶桂冠，这桂冠决不会淹没于时代的激浪"②。此时，

---

① 《列宁全集》第 23 卷，人民出版社 2017 年版，第 1 页。
② 《马克思恩格斯全集》第 1 卷，人民出版社 1995 年版，第 918 页。

《马克思学说的历史命运》《马克思主义的三个来源和三个组成部分》精学导读

马克思对"世界历史"这一概念的理解倾向于一般性的文学修辞,并未对世界历史理论作出科学性的定义和概括。1841年,马克思在博士论文中再次提及"世界历史"的概念,"在自身中变得自由的理论精神成为实践力量","因为从这种转变的一定方式可以反过来推论出一种哲学的内在规定性和世界历史性"①。此时的马克思已经超越对精神和客观世界历史混沌不清的话语表达,将精神世界与客观世界相分离,这里已经包含世界历史理论从唯心主义向唯物主义转变的萌芽。1842年,马克思在《关于新闻出版自由和公布省等级会议辩论情况的辩论》一文中指出:"上述那种新闻出版自由竟然妄图预测世界历史,压制人民的呼声,而人民历来就是什么样的作者'够资格'和什么样的作者'不够资格'的唯一判断者。"②此时,作为世界历史主体的人民已经被清晰提出,马克思将人民看作判断新闻出版标准的唯一评判者,提出政治决策必须符合人民的意愿,世界历史理论的来源必须是人民的现实生活,而非抽象的理论建构。如果说,这一时期马克思对世界历史的基本概念及其理论来源等问题有了基本思考,那么在其后的《论犹太人问题》、《1844年经济学哲学手稿》、《神圣家族》(与恩格斯合著)、《关于费尔巴哈的提纲》等著作中,在与黑格尔哲学的继承者——鲍威尔等人的理论交锋中,无产阶级作为世界历史主体的历史

---

① 《马克思恩格斯全集》第1卷,人民出版社1995年版,第75页。
② 《马克思恩格斯全集》第1卷,人民出版社1995年版,第195—196页。

第二章 "头脑与心脏"：马克思学说与无产阶级革命的密切关系

使命和历史任务被明确提出。

马克思在 1843 年秋写作《论犹太人问题》一文，文章批驳了鲍威尔把犹太人解放归结为宗教解放，又把政治解放同人类解放相混淆的错误观点，并提出了社会主义革命的问题。针对鲍威尔的政治解放"要犹太人放弃犹太教"[1]、"要求一切人放弃宗教"[2]的教条主义论断，马克思更倾向于从具体历史事实出发去看待德国犹太人争取政治解放斗争一事。马克思对宗教的批判最后归结为向德国制度开火，"必须推翻使人成为被侮辱、被奴役、被遗弃和被蔑视的东西的一切关系"[3]。在马克思看来，这种彻底的革命除了需要彻底的理论以外，还需要物质基础。近代德国由于政治经济落后，没有同英、法等国一起经历资产阶级革命。"在法国和英国行将完结的事物，在德国现在才刚刚开始。这些国家在理论上激烈反对的、然而却又像戴着锁链一样不得不忍受的陈旧腐朽的制度，在德国却被当做美好未来的初升朝霞而受到欢迎"[4]。

彼时的马克思作为一个从德国移民到法国的人，像是从过去穿越到了未来。马克思看到的是，在德国还没有真正被认识、被实践的诸多理论，在法国已经成为被公开批判的对象，即在德国还未爆发的革命星火，在巴黎却成了现实的工人运动，贫

---

[1]《马克思恩格斯全集》第 1 卷，人民出版社 1956 年版，第 423 页。
[2]《马克思恩格斯全集》第 1 卷，人民出版社 1956 年版，第 424 页。
[3]《马克思恩格斯选集》第 1 卷，人民出版社 2012 年版，第 10 页。
[4]《马克思恩格斯选集》第 1 卷，人民出版社 2012 年版，第 6 页。

《马克思学说的历史命运》《马克思主义的三个来源和三个组成部分》精学导读

苦的工人开始学会联合起来进行现实的斗争。那么，在国家哲学、法哲学中发展的德国又该如何实现彻底的革命呢？马克思回答："就在于形成一个被彻底的锁链束缚着的阶级，即形成一个非市民社会阶级的市民社会阶级，一个表明一切等级解体的等级；一个由于自己受的普遍苦难而具有普遍性质的领域，这个领域并不要求享有任何一种特殊权利，因为它的痛苦不是特殊的无权，而是一般无权，它不能再求助于历史权利，而只能求助于人权"，"这个社会解体的结果，作为一个特殊等级来说，就是无产阶级"①。可以看到，"穿越"到法国的马克思，不仅看到了新世界可能的样子，还发现了颠覆旧世界的现实力量——无产阶级。由此一来，在马克思的学说中，无产阶级"被发现"了，并作为最具革命性的力量登上历史舞台。

与此同时，唯物史观的创立进一步给承担历史使命的无产阶级提供了完整的科学理论的指导。马克思和恩格斯在《神圣家族》中批判青年黑格尔派的自我意识哲学，阐明了广大人民群众是历史的创造者的观点。《关于费尔巴哈的提纲》第十条提到："旧唯物主义的立脚点是市民社会，新唯物主义的立脚点则是人类社会或社会的人类。"②马克思曾批判唯心主义历史观，指出作为出发点的"人"不是历史中真实存在的"人"，而是主观想象的"人"。唯物史观则相反，"它从现实的前提

---

① 《马克思恩格斯全集》第 1 卷，人民出版社 1956 年版，第 466 页。
② 《马克思恩格斯选集》第 1 卷，人民出版社 2012 年版，第 136 页。

第二章 "头脑与心脏"：马克思学说与无产阶级革命的密切关系

出发，它一刻也不离开这种前提。它的前提是人，但不是处在某种虚幻的离群索居和固定不变状态中的人，而是处在现实的、可以通过经验观察到的、在一定条件下进行的发展过程中的人"[1]。马克思对作为唯物史观前提的"现实的个人"的界定是："他们的活动和他们的物质生活条件，包括他们已有的和由他们自己的活动创造出来的物质生活条件。"[2]可以清楚地看到，马克思所说的现实的个人就是组成真实历史活动主体的人，也就是人民群众或现实的人类。"现实的人类"就一般意义而言，是先进阶级引领的、推动历史前进的广大社会力量，从特殊意义上来说，则是无产阶级领导的人类解放力量。

列宁接续马克思的这一思路提出，现代无产阶级自从登上历史舞台，就成了现代社会人民群众的核心力量，工人阶级及其政党就成了现代社会人民主体的领导力量，这使得人民群众创造历史进入了一个新的历史阶段。人民主体因而具有了以往所没有的一些重要特点。例如，工人阶级没有本阶级的狭隘利益，它的历史使命和解放条件就是消灭阶级，推动人类社会进入共产主义社会，这时的工人阶级不仅成为第一个具有阶级意识的劳动者阶级，而且成为第一个掌握科学理论的自觉领导阶级；工人阶级作为社会化大生产和社会化生产关系相一致的代表，极大地增强了人民群众的历史主动性和创造性，预示了人类

---

[1]《马克思恩格斯选集》第1卷，人民出版社2012年版，第153页。
[2]《马克思恩格斯选集》第1卷，人民出版社2012年版，第146页。

《马克思学说的历史命运》《马克思主义的三个来源和三个组成部分》精学导读

解放的光明前景;等等。这就是马克思所预言的"历史活动是群众的活动,随着历史活动的深入,必将是群众队伍的扩大"①。

只有作为世界历史性存在的事物,才能具有世界历史意义。马克思对无产阶级世界历史使命的论证,从一开始就确立了这样的原则。"无产阶级只有在世界历史意义上才能存在,就像共产主义——它的事业——只有作为'世界历史性的'存在才有可能实现一样。"②人类进入世界历史,表明了各民族相隔阂、封闭式发展的历史终结。只有站在全人类发展的角度,才能破解人类解放之谜;无产阶级只有作为世界历史性的力量,才能担当人类解放的大任。

在列宁看来,对马克思和恩格斯的功绩的最简单概括,就是他们教会了工人阶级自我认识和自我意识,用科学代替了幻想。马克思主义哲学"把伟大的认识工具给了人类,特别是给了工人阶级。"③无产阶级只要认识了自己就认识了世界,只要实现了改造自身就实现了改造世界。对此,马克思说道:"无产阶级宣告迄今为止的世界制度的解体,只不过是揭示自己本身的存在的秘密,因为它就是这个世界制度的实际解体。"④无产阶级要达到对自己历史使命的自觉担当,需要一个为马克思主义所武装的过程,需要一个能够集中体现阶级意志的政党组

---

① 《马克思恩格斯文集》第 1 卷,人民出版社 2009 年版,第 287 页。
② 《马克思恩格斯文集》第 1 卷,人民出版社 2009 年版,第 539 页。
③ 《列宁全集》第 23 卷,人民出版社 2017 年版,第 45 页。
④ 《马克思恩格斯选集》第 1 卷,人民出版社 2012 年版,第 15 页。

第二章 "头脑与心脏": 马克思学说与无产阶级革命的密切关系

织。正如马克思所说:"批判的武器当然不能代替武器的批判,物质力量只能用物质力量来摧毁;但是理论一经掌握群众,也会变成物质力量。"[①]总之,列宁认为,过去世界历史时期中的每一时期,都可以被视作马克思主义哲学与无产阶级——"头脑"与"心脏"密切结合的过程,无产阶级和马克思主义在这个过程中获得了双重胜利。而在未来,这种密切结合将会使"马克思主义这个无产阶级的学说获得更大的胜利"[②]。

二、马克思主义在"全世界"无产阶级革命中获得证实

如何证明马克思主义是真理?这不是一个纯理论意义上的问题,因为马克思主义具有鲜明的实践性,具有强烈的现实实现需求,只有在持续不断的无产阶级革命中,马克思主义才能获得证明。正如列宁在《马克思学说的历史命运》一文中所指出的那样:"自马克思主义出现以后,世界历史的这三大时期中的每一个时期,都使它获得了新的证明和新的胜利。"[③]

根据世界无产阶级革命运动的实践,列宁将马克思主义的发展阶段分为了三个历史时期:自1848年《共产党宣言》问世,可分为"(1)从1848年革命到巴黎公社(1871年);(2)从巴黎公社到俄国革命(1905年);(3)从这次俄国革

[①]《马克思恩格斯全集》第3卷,人民出版社2002年版,第207页。
[②]《列宁全集》第23卷,人民出版社2017年版,第4页。
[③]《列宁全集》第23卷,人民出版社2017年版,第4页。

命至今"①。这种划分充分彰显了马克思主义的实践性与革命性的特征，表明了列宁与其他所谓"理论家"对待马克思主义截然不同的态度，他不是以"纯思辨"的方式去看待马克思主义的历史命运，而是在解决具体的需要中阐释马克思主义的真理性。

列宁指出，马克思主义自产生以来，经历了一个很长的不断丰富、完善、发展的过程，其中包含着一系列相互衔接的发展阶段，这些阶段的划分标准是由该阶段存在的社会问题和社会矛盾，以及工人阶级和政党所面临的历史任务决定的。而马克思主义正是在回答不同历史阶段提出的课题，尤其是在解决无产阶级的现实问题中不断发展的，是在从理论上总结社会主义革命和建设经验的过程中不断丰富起来的，马克思主义的真理性力量也是在无产阶级的革命斗争中被逐步证实的。在这个意义上，无产阶级就是马克思主义在现实中的"化身"，而马克思主义就是无产阶级得到升华的"灵魂"。

其一，马克思主义的唯物史观肯定了无产阶级具有"化腐朽为神奇"的革命性力量。这一点马克思是通过对人民群众力量的肯定和颂扬来完成的。人民群众是社会生产和变革的首要生产力，这种生产力是走向美好生活的力量，是认识世界改造世界的力量，也是推动社会革命的力量。巴黎公社革命正是群众力量的展示，马克思、恩格斯之所以用极大的热情讴歌这种力量，是因为它是真正的集体力量的体现。马克思、恩格斯也

---

① 《列宁全集》第 23 卷，人民出版社 2017 年版，第 1 页。

第二章 "头脑与心脏"：马克思学说与无产阶级革命的密切关系

对人类的创造性表示了极大关怀，认为人类文明的每一项标志性成果都是人民群众集体力量的结晶。

同时，马克思批判了那种否定人民群众力量的观点。关于群众问题的立场，在历史上有着一个长长的话语轨迹，不仅唯心主义者甚至一些唯物主义者也有过贬低群众力量的类似表述。有思想家指出，世界史"实际上是一部在地球上建立功业的伟大人物的历史"[①]。有理论家认为，人民群众是一堆任人使用的无定形材料，是一块需要雕刻家加工的石头。甚至还有人认为，把人民群众看成排列在一起的无数个零，只有在前面加上一个起作用的实数才有意义。马克思、恩格斯对这些观点进行了深刻批判，并同时提出了关于人民群众和革命阶级在社会发展中起主导作用的观点。可见，马克思、恩格斯是站在历史唯物主义的高度来看待无产阶级的实践力量的，认为这种力量是推进人类社会向着更高形态发展的动力。

其二，马克思的阶级斗争学说阐明了无产阶级革命性的理论来源，揭示了无产阶级革命活动的规律性和能动性。马克思、恩格斯在《共产党宣言》中明确指出，自阶级社会产生以来，人类的一切斗争历史都是阶级斗争史，阶级斗争就像一根红线贯穿于社会发展之中。"一切历史上的斗争，无论是在政治、宗教、哲学的领域中进行的，还是在其他意识形态领域中进行

[①] 费·瓦·康斯坦丁诺夫：《马克思列宁主义哲学原理教科书》，人民出版社1985年版，第440页。

的，实际上只是或多或少明显地表现了各社会阶级的斗争，而这些阶级的存在以及它们之间的冲突，又为它们的经济状况的发展程度、它们的生产的性质和方式以及由生产所决定的交换的性质和方式所制约。"①如果说生产实践、物质活动是群众创造力的表达，那么阶级斗争则是人民群众打碎现存的不适合生产力发展的生产关系的表现，群众的这种破坏力是与建设新世界的创造力结合在一起的。

具体到资本主义社会中，就是无产阶级和资产阶级成为社会中相互对立的力量。恩格斯指出，工业革命使得资产阶级能够最大限度地增加自己的财富和扩充自己的力量，在大工业中的无产阶级也逐渐意识到自己的利益和力量。"工业革命便孕育着一个由无产阶级进行的社会革命。"②在统治阶级和被统治阶级之间产生冲突时，必然要在主体力量、物质力量等方面争夺主导权，这是阶级斗争发生作用的内在机制和一般规律。恩格斯在《1847年的运动》中指出，"总有一天贫困破产的农民会和无产阶级联合起来，到那时无产阶级会发展到更高的阶段，向资产阶级宣战"③。

无产阶级成为革命的领导阶级之后，革命的面貌便会焕然一新，无产阶级的先进性便得到了证明。例如，马克思曾以1848年德国革命为例，对比说明了无产阶级在革命方面的优越性。

---

① 《马克思恩格斯全集》第28卷，人民出版社2018年版，第7页。
② 《马克思恩格斯选集》第1卷，人民出版社2012年版，第301页。
③ 《马克思恩格斯全集》第4卷，人民出版社1958年版，第511页。

第二章 "头脑与心脏"：马克思学说与无产阶级革命的密切关系

他指出，1848年德国资产阶级革命的失败是因为资产阶级一直是以被动力量的形式存在的，它操纵革命的舵轮，不是因为有农民这个后盾，而是因为农民推着它走；它居于领导地位，不是因为它代表符合时代的首创精神，而是因为它废除了一些微不足道的封建内容。当革命形势发生变化时，当德国资产阶级背叛了农民的利益时，就连那种被动力量也没有了，连工农联盟的影子也看不到了，这就使原本可以形成强大合力的状态变成孤掌难鸣的结局。资产阶级在面对无产阶级一次又一次的革命冲击时，也不断汲取经验来完善国家机器，因此"一切变革都是使这个机器更加完备"[1]。而当资产阶级国家机器集中和强化到与社会对立的程度，就要把打碎资产阶级国家机器提上议事日程，这是"任何一次真正的人民革命的先决条件"[2]。"工人比起资产阶级来，说的是另一种方言，有不同的思想和观念，不同的习俗和道德原则，不同的宗教和政治。这是两种完全不同的人，他们彼此是这样地不同，好像他们属于不同的种族。"[3]只有无产阶级才能一步一步地把资产阶级政权从顶峰拉下来，通过不间断的形式推动革命向前发展，并通过有觉悟的无产阶级的力量向社会主义过渡。农民是民主革命的主要力量，他们在利益一致的基础上团结在具有决定性力量的无产阶级周围，能够极大地加强革命的阶级基础。但是在没有力量联

---

[1]《列宁全集》第59卷，人民出版社2017年版，第222页。
[2]《列宁全集》第31卷，人民出版社2017年版，第36页。
[3]《马克思恩格斯文集》第1卷，人民出版社2009年版，第437—438页。

合及无产阶级领导的情况下，个体农民的力量是分散的，就像一个个散落的马铃薯，会形成不同的作用力和作用方向。

其三，马克思主义鼓舞了全世界无产阶级的革命斗志。工人阶级不只是一个受苦的阶级，而且发挥着伟大的历史作用。无产阶级所处的那种低下的经济地位和非人的生活状况，必然推动着它去争取本身的最终解放。恩格斯指出，这些被当作牲口看待的工人，对当权的资产阶级怀着烈火般的憎恨。为了捍卫自己的人类尊严，为了改善自己的生活状况，他们必然要进行反抗资产阶级的斗争。只有在反抗斗争中，才能充分表现自己的革命品质，显示自己最动人、最高贵、最合乎人情的特性。工业获得发展后不久，工人对资产阶级的反抗就已经表现出来，并经历了各个不同的阶段。最早、最原始的形式是个人单枪匹马地以盗窃来反抗，接着是捣毁机器，如著名的"鲁德运动"。但这种形式既不会触动资产阶级的社会基础，又只局限于个别地区和工厂，其结果往往以工人的失败而告终。在斗争实践中，工人们逐渐认识到，必须找出一种新的反抗形式，这就是建立工会、组织群众性罢工。于是，19世纪30—40年代出现了声势浩大的宪章运动。在宪章主义旗帜的领导下起来反对资产阶级的是整个工人阶级，他们首先向资产阶级政权进攻，向资产阶级用来保护自己的这道法律围墙进攻。马克思在《1848年至1850年的法兰西阶级斗争》中指出，六月起义的失败使无产阶级将自己的坟墓变成了资产阶级共和国的摇篮，迫使资产阶级共和国现出原形，也从另一端激发了无产阶级的革命意识。

第二章 "头脑与心脏"：马克思学说与无产阶级革命的密切关系

无产阶级与资产阶级之间利益的根本对立，以及通过多次斗争和失败积累起来的经验教训，都无可辩驳地表明，以消灭资本主义私有制为目的的社会主义革命必然到来，"现在已经个别地、间接地进行的穷人反对富人的战争，将在英国成为普遍的、全面的和直接的战争。要想和平解决已经太晚了。阶级分化日益尖锐，反抗精神日益深入工人的心中，愤怒在加剧，个别的游击式的小冲突正在汇集成大规模的战斗和示威，不久的将来，一个小小的推动力就足以引起山崩地裂"[①]。而对于革命风暴中来自东方的伟大力量，马克思也给予了高度关注，"中国革命将把火星抛到现今工业体系这个火药装得足而又足的地雷上，把酝酿已久的普遍危机引爆，这个普遍危机一扩展到国外，紧接而来的将是欧洲大陆的政治革命"[②]。

三、马克思主义指引无产阶级获得更大的胜利

马克思主义指引无产阶级获得胜利，这是一个事实判断，也是对未来的信念。作为无产阶级革命科学的理论指导，在过去的世界三大历史时期中，马克思主义的科学性与革命性不断被证实，而在未来也将被持续证实。在《马克思学说的历史命运》中，列宁站在世纪之交回望马克思主义，看到它虽从风雨中走来，却带着光明与希望。列宁预言，"即将来临的历史时

---

① 《马克思恩格斯文集》第1卷，人民出版社2009年版，第498页。
② 《马克思恩格斯选集》第1卷，人民出版社2012年版，第783页。

《马克思学说的历史命运》《马克思主义的三个来源和三个组成部分》精学导读

期,定会使马克思主义这个无产阶级的学说获得更大的胜利"①。事实上,人类历史发展到今天,列宁这一论断的正确性已经得到了充分证明。

马克思主义从产生之日起,经历过一系列革命,经受了无数的考验,经过了时代的大浪淘沙,从形形色色五花八门的社会主义学说和机会主义派别中脱颖而出,像一条清流浸润着广大无产阶级的革命初心。自1848年欧洲革命到20世纪初的亚洲觉醒,无产阶级在马克思主义的科学指导下解放自身的呼声越来越高,革命浪潮蓬勃激荡。列宁这样说道:"严格的无产阶级世界观只有一个,这就是马克思主义。严格的无产阶级纲领和策略就是国际革命社会民主党的纲领和策略。而正是无产阶级的经验,正是从德国到美国,从英国到意大利的全世界无产阶级运动的经验向我们证明了这一点。从这个运动1848年第一次登上广阔的政治舞台起,已过去半个多世纪了;各国的无产阶级政党已经形成,并且壮大起来,成为百万大军;它们经历了一系列的革命,经受了各种各样的考验,既有过右倾,也有过左倾,既反对过机会主义,也反对过无政府主义。而整个这一伟大的经验,是对马克思主义世界观和社会民主党纲领的证明。"②

那么展望未来,马克思主义学说又将是怎样的前途命运?

---

① 《列宁全集》第23卷,人民出版社2017年版,第4页。
② 《列宁全集》第10卷,人民出版社2017年版,第271页。

第二章 "头脑与心脏":马克思学说与无产阶级革命的密切关系

列宁在《马克思学说的历史命运》中,在研判20世纪世界历史发展状况尤其是俄国发展前景的基础上,对马克思主义的历史命运作出了总结概括和科学预言。从文章的写作时间来看,列宁所说"即将来临的历史时期"大致是指1913年以后的世界历史发展时期,而马克思主义的"更大胜利"出现在20世纪的科学社会主义发展历程中,并在今天21世纪马克思主义的创新发展中得到延续。

20世纪初,世界形势的变化又一次把无产阶级革命的实践问题提到了马克思主义者面前。每当这个问题被提到议事日程上,理论的探索和发展就显得特别迫切和重要。1915年6月,列宁在起草有关会议的决议草案时指出,第一次世界大战激化了欧洲各先进国家的阶级矛盾,促进了这些国家革命形式的成熟。各国无产者将"携手并进地去开创无产阶级斗争的新纪元,在这个新纪元里,无产阶级将在比较先进的国家里赢得社会主义,而在比较落后的国家里赢得民主共和国"[①]。正如列宁所预料的,无产阶级革命斗争的"新纪元"不久将隆重展开,而开创这个新纪元的重要事件是俄共(布)领导工农群众进行的十月革命。1917年,进行无产阶级革命和建立无产阶级专政的任务摆在俄国无产阶级面前,列宁和布尔什维克领导工农群众勇敢地承担了这个重要任务。列宁在《四月提纲》中指出,俄国革命的下一个阶段必须使政权由资产阶级手中转到无产阶

---

① 《列宁全集》第26卷,人民出版社2017年版,第222页。

级和贫苦农民手中。在这一思想的指导下，布尔什维克举行了第六次全国代表大会，制定了武装起义夺取政权的方针。11月7日晚，资产阶级临时政府被推翻，列宁在彼得格勒工兵代表苏维埃会议上宣告"布尔什维克始终认为必要的工农革命，已经成功了"[①]。十月革命把马克思、恩格斯关于无产阶级革命和无产阶级专政的理论在俄国变为现实，使俄国的工人运动和社会主义运动走向新的阶段，代表着马克思主义科学理论在实践中的胜利。

十月革命起到了揭开西方革命序幕的作用，此后，西方各资本主义国家纷纷展开无产阶级革命斗争。1918年，芬兰无产阶级举行武装起义，建立人民全权委员会。同年，德国爆发以无产阶级为主要力量的人民革命，德国共产党诞生；1919年，德国的巴伐利亚建立了苏维埃共和国。1918—1919年，匈牙利的无产阶级革命斗争日益高涨，革命士兵建立起了自己的战斗队伍，农民也组织起来夺取了地主的土地。在英国、法国、意大利、奥地利等国，反对资产阶级政权的工人运动也越发高涨。由此观之，列宁在1913年所作出的马克思主义要在"即将来临的历史时期"取得"更大胜利"的论断，无疑具有前瞻性。

在无产阶级革命不断取得胜利的同时，马克思主义也获得了新的发展。在指导无产阶级革命实践的过程中，列宁把马克思主义发展到了一个崭新的阶段。十月革命胜利以后，列宁把

[①]《列宁全集》第33卷，人民出版社2017年版，第2页。

第二章 "头脑与心脏"：马克思学说与无产阶级革命的密切关系

理论和实践工作的重中之重放在苏维埃社会主义建设上，并在领导工农群众建设和发展社会主义的过程中，时刻坚守马克思主义的科学原理，进一步阐明了辩证唯物主义，发展了对帝国主义时代的民主革命和社会主义革命理论的认识。经过列宁的坚决捍卫和创新发展，马克思主义在苏维埃社会主义的实践中闪耀着真理的光芒。

除列宁之外，20世纪前二十年间，西方马克思主义理论先驱卢卡奇、葛兰西、柯尔施等人也对马克思的无产阶级革命理论做过大胆探索。例如，卢卡奇探索了关于总体性和主客体辩证法的理论，赋予了无产阶级以重要的历史地位。卢卡奇认为，具有决定意义的不是纯粹经济的基础，而是无产阶级的阶级意识，无产阶级阶级意识的发展和共产党的发展，从世界历史的角度看就是同一个过程。卢卡奇关于阶级意识和无产阶级历史作用的理论，对马克思主义关于革命的理论有所深化，对阐释发达国家的无产阶级革命策略不无裨益。葛兰西也大大发展了马克思主义的哲学思想。葛兰西在《狱中札记》中还阐述了无产阶级领导权的思想，强调了文化、观念领域的斗争在推翻资本主义、改造旧社会中不可忽视的作用，这是他对马克思主义革命学说作出的另一重要贡献。事实上，列宁也曾阐述过无产阶级领导的对象是农民，指出无产阶级要实现其领导权就必须保持严格的阶级独立性、支持农民的革命行动等，从而使领导权问题成为系统的理论。葛兰西在此基础上还进一步发展了领导权思想，对领导权理论作出了新的解释。

《马克思学说的历史命运》《马克思主义的三个来源和三个组成部分》精学导读

真理具有穿越时空的力量，马克思主义的"更大胜利"不仅发生在欧洲国家，而且在亚洲国家形成了新的革命风暴中心。20世纪，马克思主义在近代中国掀起了思想解放的伟大高潮，通过五四运动开始在中国广泛传播。在李大钊、陈独秀等初步具有共产主义思想的知识分子的共同努力下，马克思主义逐步与刚刚崛起的工人运动相结合，为中国共产党的成立奠定了基础。全国各地纷纷宣传马克思主义，形成了一支颇为可观的传播者队伍。中国人民有了新的思维、新的理论武器，自从中国人民掌握了马克思主义，中国革命的面貌便焕然一新。中国从新民主主义社会过渡到社会主义社会的实践证明，一个半殖民地半封建性质的国家同样可以经过社会主义革命走上社会主义道路。20世纪中期，朝鲜、古巴、越南等国家社会主义革命的胜利，为马克思主义的传播和发展开辟了更加广阔的前景。正如列宁所指出的那样："八亿人民的亚洲投入了为实现和欧洲相同的理想的斗争，从这个事实中应当得到的不是绝望，而是振奋。"[①]全世界的无产阶级联合起来，集聚了解放自身、解放全人类的强大力量。在汹涌的革命浪潮中前行，"马克思主义"就是指引光明的灯塔。"有了欧亚两洲的经验，谁若还说什么非阶级的政治和非阶级的社会主义，谁就只配关在笼子里，和澳洲袋鼠一起供人观赏。"[②]

[①]《列宁全集》第23卷，人民出版社2017年版，第4页。
[②]《列宁全集》第23卷，人民出版社2017年版，第4页。

第二章 "头脑与心脏"：马克思学说与无产阶级革命的密切关系

历史发展到 21 世纪，马克思主义已经存在 170 多年了，西方资本主义国家和社会主义国家都发生了日新月异的变化。那么，马克思主义是否获得了更大胜利呢？列宁在 1913 年作出的论断是否还是正确的呢？答案是肯定的。从 20 世纪 90 年代至今，西方召开了一系列有关马克思主义的大型国际学术会议，地点均设在伦敦、巴黎、纽约等发达国家的代表性城市。不仅如此，在当今西方享有盛名的思想家如哈贝马斯、吉登斯、德里达、詹姆逊等人，或赞同马克思主义或重构马克思主义，虽然他们对待马克思主义的具体态度不同，但在其话语理论中，马克思及其思想无一例外地处于中心地位。在当今社会主义国家中，马克思主义是坚定的指导思想。同时，各国共产党根据自己国家的特点继承和发展了马克思主义，形成了具体化的马克思主义。习近平新时代中国特色社会主义思想是马克思主义中国化的新飞跃，它植根于独领风骚的中国特色社会主义伟大实践，科学回答了 21 世纪中国和世界面临的新课题，极大拓展了马克思主义在 21 世纪的新视野，丰富了马克思主义世界观、方法论的新内涵，凸显了马克思主义跨越时代的真理魅力和实践威力，成为 21 世纪世界马克思主义思潮的最强音，标志着世界马克思主义发展进入新阶段、达到新高峰。

总之，马克思主义的产生犹如人类思想史上最壮丽的日出，马克思主义的新世界观一经问世，就实现了哲学"头脑"和无产阶级"心脏"的有机结合，这不仅使人类解放第一次具有现实的社会运动形式，也使工人阶级的解放事业第一次具有

《马克思学说的历史命运》《马克思主义的三个来源和三个组成部分》精学导读

自觉的理论指导。因此，马克思主义既是人类思维创新的最高成就，又是现代无产阶级阶级意识和革命意识形态的体现。马克思主义的思想魅力并不会因时间久远而消失，只会伴随着世界无产阶级运动的发展在全球各地散发光芒。

第三章 "三个时期":对马克思主义发展历程的划分

列宁在《马克思学说的历史命运》中指出,1848年问世的《共产党宣言》,对马克思主义学说作了"完整的、系统的、至今仍然是最好的阐述"[①]。列宁依据时代的发展进程,把1848年后的世界历史主要分为三个时期:"(1)从1848年革命到巴黎公社(1871年);(2)从巴黎公社到俄国革命(1905年);(3)从这次俄国革命至今。"[②]正如前文所提到的那样,列宁对马克思主义发展历程的划分并非单纯地从思想的演变逻辑出发,而是从理论与现实的结合中出发,从不同时期的历史任务出发,在无产阶级斗争的曲折发展中科学把握马克思主义"每走一步都在战斗"的历史命运。

一、"1848—1871":革命斗争对"五花八门"的社会主义的致命打击

1848年《共产党宣言》的发表是马克思主义产生的标志;

---
① 《列宁全集》第23卷,人民出版社2017年版,第1页。
② 《列宁全集》第23卷,人民出版社2017年版,第1页。

《马克思学说的历史命运》《马克思主义的三个来源和三个组成部分》精学导读

1871年巴黎公社无产阶级政权的建立，丰富了马克思主义的学说，为国际工人运动的发展提供了宝贵的经验和教训。列宁在《马克思学说的历史命运》中把1848—1871年划分为一个完整的马克思主义发展时期，这一历史时期是马克思主义从产生到成熟的关键时期，也是对马克思主义理论指导工人革命实践取得成功的历史见证。但是，马克思主义在成为无产阶级行动指南的过程中，并不表现为一路高歌，而是历尽艰难曲折。所以说，这一时期马克思主义的发展在形式上主要表现为内部的思想争论，表现为直面自身的理论危机并为化解危机而进行的理论交锋。简言之，马克思主义就是在对各种重大错误思潮的批判以及相应的自我批判过程中形成、丰富和发展的。

列宁说："在第一个时期的开头，马克思学说决不是占统治地位的。它不过是无数社会主义派别或思潮中的一个而已。"① 1848年欧洲各国爆发了一系列武装革命，法国的二月革命更是将革命浪潮推向了几乎全欧洲，此时主要是欧洲平民与自由主义学者对抗君权独裁的武装革命。这一系列革命波及范围之广、影响之大，可以说是欧洲历史上最大规模的革命运动，然而来势汹汹的革命风暴大多都迅速走向失败。革命的失败说明了当时社会中流行的"五花八门"的社会主义学说只是徒有其表，在实践中并不能指导革命取得胜利。对此，列宁指出："当时占统治地位的，是那些基本上同我国民粹主义相似的社会主义：

---

① 《列宁全集》第23卷，人民出版社2017年版，第1页。

第三章 "三个时期"：对马克思主义发展历程的划分

它们不懂得历史运动的唯物主义原理，不能分别说明资本主义社会中每个阶级的作用和意义，并且用各种貌似社会主义的关于'人民'、'正义'、'权利'等等的词句来掩盖各种民主变革的资产阶级实质。"[1]列宁的这一说法批判了19世纪中后期西欧国家各色理论家和批判者竞相生产或"兜售"各自理论的情形。"封建的社会主义""小资产阶级的社会主义""空想社会主义"等社会主义流派，在马克思主义诞生前就已广泛流传。处于革命风暴中心的法国更是成为各种理论学说和社会思潮碰撞的试炼场：农民出身的法国思想领袖蒲鲁东极为激进地叫喊着"财产即盗窃"；出身俄国小贵族的无政府主义者巴枯宁也在巴黎如鱼得水；著名的激进主义者德国裁缝威廉·魏特林在巴黎四处演讲，获得众多的支持者。这些理论家们口号叫得响亮，现实中却栽了大跟头。他们轻视了"无产阶级"的革命力量，事实证明"只有无产阶级具有社会主义本性"[2]。

马克思主义与它产生之前或同时期的其他各种社会主义学说最大的不同就在于，它发现了无产阶级是最具革命性的阶级，无产阶级通过解放自身来解放全人类。马克思、恩格斯在《共产党宣言》中深刻阐述了科学社会主义原理，指明了无产阶级解放斗争的发展规律，强调了无产阶级是最富革命性、组织

---

[1]《列宁全集》第23卷，人民出版社2017年版，第1—2页。
[2]《列宁全集》第23卷，人民出版社2017年版，第2页。

《马克思学说的历史命运》《马克思主义的三个来源和三个组成部分》精学导读

性、纪律性的阶级。马克思主义揭示了无产阶级与资产阶级的天然对立,并为无产阶级提供了理论武器,指明了无产阶级必然胜利的前途命运。"马克思的学说直接为教育和组织现代社会的先进阶级服务,指出这一阶级的任务,并且证明现代制度由于经济的发展必然要被新的制度所代替"①,由此可见,马克思主义是消灭资产阶级的理论,因此不可避免地受到"官方教授按官方意图讲授资产阶级的科学和哲学"②的攻击。那些"死抱住各种陈腐'体系'的遗教不放的龙钟老朽"③攻击马克思主义,其态度随着马克思主义在工人阶级中的扎根和传播变得愈发猖狂和肆无忌惮。马克思、恩格斯强调"共产党人不屑于隐瞒自己的观点和意图"④。列宁也说:"一切关于非阶级的社会主义和非阶级的政治的学说,都是胡说八道。"⑤因此,旗帜鲜明地同种种"官方的科学"和社会主义流派进行坚决斗争,成为那一时期马克思主义的历史命运与历史使命。

马克思、恩格斯所批判的种种社会主义流派,最主要的是指当时的无政府主义和"真正的社会主义"。1844 年 11 月,青年黑格尔分子麦克斯·施蒂纳出版了《唯一者及其所有物》;1845 年秋,鲍威尔和施蒂纳又在《维干德季刊》第 3 期上发表

---

① 《列宁全集》第 17 卷,人民出版社 2017 年版,第 11 页。
② 《列宁全集》第 17 卷,人民出版社 2017 年版,第 11 页。
③ 《列宁全集》第 17 卷,人民出版社 2017 年版,第 11 页。
④ 《马克思恩格斯选集》第 1 卷,人民出版社 2012 年版,第 435 页。
⑤ 《列宁全集》第 23 卷,人民出版社 2017 年版,第 2 页。

第三章 "三个时期"：对马克思主义发展历程的划分

了一系列文章，宣扬思辨唯心主义、无政府主义和极端利己主义。同时，"真正的社会主义"者格律恩、库尔曼、皮特曼等人鼓吹阶级调和、反对阶级斗争等谬论。如果不彻底批驳这些反动思潮，那么必然在社会上造成思想混乱，阻碍刚刚兴起的工人运动和即将来临的资产阶级民主革命运动的新高潮。

马克思、恩格斯在论战性著作《德意志意识形态》中指出，青年黑格尔派理论家们写了大量著作，讲了许多"震撼世界"的词句，但他们是最大的保守分子。他们虽然宣称自己反对社会压迫和政治压迫，但认为只要消灭社会压迫和政治压迫的思想意识，这些实际存在的压迫就会烟消云散。在他们看来，对反动的统治制度不必通过革命斗争加以摧毁，只要进行理论批判就行了。他们所要求的不是改变反动统治的现实，而是改变意识。马克思、恩格斯一针见血地批评道："这种改变意识的要求，就是要求用另一种方式来解释存在的东西，也就是说，借助于另外的解释来承认它。"[①]

青年黑格尔分子施蒂纳在其所著的《唯一者及其所有物》中，把主观唯心主义发展到登峰造极的地步。他认为"我是高于一切的"，将主体意识确立为价值判断的终极尺度。在其理论框架下，历史的演进过程被阐释为充满主观意志的话语叙事——历史发展如同个人成长，经历着童年、青年、成年的不同阶段。这种学说在认识论层面彻底倒置了思维与存在的辩证

[①]《马克思恩格斯选集》第1卷，人民出版社2012年版，第145页。

《马克思学说的历史命运》《马克思主义的三个来源和三个组成部分》精学导读

关系，以观念性联系置换了真实的社会关联，形成了对现实世界本质的严重误判。马克思、恩格斯对这种谬论进行了尖锐的批判，指出任何个人都不能离开社会的一定关系而存在，"一个人的发展取决于和他直接或间接进行交往的其他一切人的发展；彼此发生关系的个人的世世代代是相互联系的，后代的肉体的存在是由他们的前代决定的，后代继承着前代积累起来的生产力和交往形式，这就决定了他们这一代的相互关系。总之，我们可以看到，发展不断地进行着，单个人的历史决不能脱离他以前的或同时代的个人的历史，而是由这种历史决定的"[1]。

马克思、恩格斯也对无政府主义进行了批判，他们指出："国家是否存在，这也不是他们的意志所能决定的。例如，只要生产力还没有发展到足以使竞争成为多余的东西，因而还这样或那样地不断产生竞争，那末，尽管被统治阶级有消灭竞争、消灭国家和法律的'意志'，然而它们所想的毕竟是一种不可能的事。"[2]马克思、恩格斯在批判青年黑格尔派的过程中，已然与代表资产阶级和小资产阶级的旧哲学彻底决裂，开始以新世界观创始人的身份登上历史舞台。

马克思、恩格斯还批判了19世纪40年代在德国出现的一种小资产阶级社会主义，该主义被称为"真正的社会主义"。这个派别是法国社会主义与德国哲学的混合物，其主要成员是

---

[1]《马克思恩格斯全集》第3卷，人民出版社1960年版，第515页。
[2]《马克思恩格斯全集》第3卷，人民出版社1960年版，第378页。

第三章 "三个时期"：对马克思主义发展历程的划分

一些"萎靡和堕落"的政治家、记者和诗人。他们利用当时流行的各种报刊，如赫斯主编的《社会明镜》、皮特曼主编的《莱茵社会改革年鉴》、格律恩控制的《特利尔日报》等，散布很多错误和反动的观点。"真正的社会主义"者否定阶级斗争理论，片面强调抽象的"博爱"精神对社会发展的决定作用，将共产主义曲解为单纯的情感联结；以浪漫主义视角美化小农经济形态，试图阻挠德意志地区的资本主义化进程；主张通过渐进式改良实现社会变革；宣扬非理性的民族优越论调等。"真正的社会主义"出现以后，在德国一部分知识分子、小资产阶级和手工工人中迅速传播开来。

对此，1845年底，恩格斯在《"傅立叶论商业的片断"的前言和结束语》中，深刻揭露了"真正的社会主义"的虚假面目。"这种社会主义，由于自己在理论领域中没有党性，由于自己的'思想绝对平静'而丧失了最后一滴血、最后一点精神和力量。可是人们却想用这些空话使德国革命，去推动无产阶级并促使群众去思考和行动！"[①]马克思、恩格斯还批判了"真正的社会主义"者反对阶级斗争、宣扬阶级调和的论调。他们指出，自人类进入阶级社会以来，每个人都属于一定的阶级，都作为一定阶级的成员而存在，根本没有也不可能有抽象的、超阶级的人。在阶级社会里，剥削阶级与被剥削阶级的利益根本对立，不存在什么各个阶级"共同的人性"。马克思、恩格

[①]《马克思恩格斯全集》第2卷，人民出版社1957年版，第659页。

斯还批判了"真正的社会主义"反对暴力革命，主张和平改良的谬论。他们指出，整个剥削阶级制度是一股强大的物质力量，"批判的武器当然不能代替武器的批判，物质力量只能用物质力量来摧毁"①，而"真正的社会主义"反对暴力革命的目的是麻痹无产阶级和广大人民群众的革命意志，维护一切剥削者的利益。

19 世纪五六十年代，蒲鲁东主义在德国名噪一时。当时的工人运动中存在着一批坚定的蒲鲁东主义者，他们追随蒲鲁东，鼓吹的"社会革命"论，把无产阶级革命同民族解放斗争对立起来，把工人阶级的经济斗争与政治斗争完全割裂开来，否定政治斗争的必要性。蒲鲁东"一方面以法国小农的（后来是小资产者的）立场和眼光来批判社会，另一方面他又用社会主义者流传给他的尺度来衡量社会"②。这种矛盾的思想倾向逐渐在工人运动中形成了一种典型的小资产阶级社会主义思潮。针对这些错误观点，马克思特别强调了国际工人联合的必要性，提出"实现劳资斗争中的国际联合行动"的理论和策略，认为没有这种联合行动，就不可能有工人阶级在劳资斗争中的胜利。

总之，在第一国际期间，无产阶级队伍长期受到拉萨尔主义、巴枯宁无政府主义、分裂主义的恶劣影响。马克思对机会

---

① 《马克思恩格斯选集》第 1 卷，人民出版社 2012 年版，第 9 页。
② 《马克思恩格斯选集》第 3 卷，人民出版社 2012 年版，第 14 页。

第三章 "三个时期"：对马克思主义发展历程的划分

主义观点进行了全面清算，进一步阐发了马克思主义的国家学说和无产阶级专政理论。在此之后，马克思、恩格斯竭力把各种非无产阶级的即马克思主义以前的社会主义（马志尼主义、蒲鲁东主义、巴枯宁主义、英国的自由派工联主义、德国的拉萨尔右倾分子等）纳入共同行动的轨道，并同所有这些派别的理论进行斗争，从而为各个国家的工人阶级制定统一的无产阶级斗争策略。

对此，列宁指出，经过1848年革命的战斗洗礼和检验，"一切关于非阶级的社会主义和非阶级的政治的学说"[①]奄奄一息；而马克思学说则以其鲜明的阶级性、彻底的革命性与无产阶级的"社会主义本性"相契合，在工人群众中的影响日渐扩大，逐步掌握了主导权。到第一个时期即将结束之时，建立了以马克思为灵魂的第一国际和以马克思主义为指导思想的德国社会民主党，而马克思以前的那些"喧嚣一时、五花八门的社会主义形式"，受到了"致命的打击"[②]。

二、"1872—1904"：革命准备阶段理论敌人上演"历史的辩证法"

列宁把巴黎公社失败后到1904年日俄战争这一阶段，划

[①]《列宁全集》第23卷，人民出版社2017年版，第2页。
[②]《列宁全集》第23卷，人民出版社2017年版，第2页。

分为马克思主义大发展的第二个历史阶段。这一时期的特点是"和平","第二个时期(1872—1904年)同第一个时期的区别,就是它带有'和平'性质,没有发生革命。西方结束了资产阶级革命。东方还没有成熟到实现这种革命的程度"①。

从19世纪70年代开始,西方进入了为未来变革的时代作"和平"准备的阶段。经过19世纪50—60年代资产阶级的民族民主革命运动,欧洲许多国家进一步扫除了资本主义发展的障碍,生产力获得了迅速发展。从世界范围看,西方资本主义国家在冶金工业、动力工业等机械化生产上有了新的突破。贝塞麦、马丁、托马斯炼钢法等创新技术实现了大规模工业化应用,高效的蒸汽涡轮机与内燃机逐步取代了传统的往复式蒸汽机,为机械制造业注入了强劲动力。更具革命性的是,新兴化学工业与电气工业体系逐步崛起;电话系统、无线电通信等电气化发明相继问世,这些技术革新不仅重构了工业生产体系,更引发了人类社会生产与日常生活的变革。"和平"时期生产力急剧发展,工人阶级队伍也在革命风暴的洗礼后不断壮大。经过了第一个历史时期理论和革命实践的大浪淘沙,"马克思学说获得了完全的胜利,并且广泛传播开来。挑选和集结无产阶级的力量、使无产阶级作好迎接未来战斗的准备的过程,正在缓慢而持续地向前发展"②。

---

① 《列宁全集》第23卷,人民出版社2017年版,第2页。
② 《列宁全集》第23卷,人民出版社2017年版,第3页。

第三章 "三个时期"：对马克思主义发展历程的划分

具体而言，资本主义发展到垄断阶段，大批农民涌进工厂和企业，工人阶级队伍迅速壮大。第一国际解散后，欧美各国面临建立群众性无产阶级政党的任务。继1869年德国社会民主工党的成立，荷兰（1870年）、丹麦（1871年）、美国（1877年）、法国（1879年）先后组建起无产阶级政党，意大利、比利时、挪威、奥地利、瑞士、瑞典等国也在同一历史时期建立起无产阶级政党。此时，"到处都在形成就其主要成分来说是无产阶级的社会主义政党，这些政党学习利用资产阶级议会制，创办自己的日报，建立自己的教育机构、自己的工会和自己的合作社"[1]。重新恢复起来的国际工人运动组织，几乎没有经过什么斗争，就立即在一切重大问题方面都站到马克思主义立场上来了。

但是，马克思主义的发展从来都不是一帆风顺的。列宁指出，"马克思主义在理论上的胜利，逼得它的敌人装扮成马克思主义者，历史的辩证法就是如此"[2]。反动阶级总是竭力以资产阶级、小资产阶级思潮蛊惑无产阶级，企图消解马克思主义，把革命引向资产阶级方向。如今回顾马克思主义的发展史，我们会发现列宁的这一概括既形象又准确。当马克思主义从外部战胜了青年黑格尔派、蒲鲁东主义、巴枯宁主义、拉萨尔主义等对立思想后，反马克思主义思潮只好披上"马克思主义"

---

[1]《列宁全集》第23卷，人民出版社2017年版，第3页。
[2]《列宁全集》第23卷，人民出版社2017年版，第3页。

的外衣混入无产阶级内部。为了稳定经济发展，缓和社会中的阶级矛盾，资产阶级采取制定社会保障法、实行普选制等举措，赋予无产阶级一定的政治权利，使得一部分人在议会斗争的胜利中和"安定"的条件下丧失了革命精神。与此同时，工人阶级内部还残存着第一国际时期的蒲鲁东主义、巴枯宁主义、拉萨尔主义等冒牌社会主义的影响，19世纪70年代出现的杜林主义又像传染病一样到处蔓延。可见，在取得社会主义、无产阶级运动的领导权后，马克思主义"斗争的形式和起因改变了，但是斗争还在继续"①。

　　此时，马克思、恩格斯坚决同工人队伍中的资产阶级思想和形形色色的冒牌社会主义理论做斗争。19世纪70年代初，恩格斯先后撰写了《论住宅问题》《论权威》《流亡者文献》等系列论著，批判了各种资产阶级和小资产阶级思想，宣传了马克思主义理论；撰写和发表了《反杜林论》，全面批判了杜林主义谬论在党内的不良影响。杜林主义用极具蛊惑性和激烈的词句抨击资本主义，不仅迷惑了很多青年学生，也在社会民主党中产生了很大影响，甚至有人把它鼓吹为"救世良方"，造成了思想上的混乱，严重威胁了马克思主义在社会主义运动中的领导地位。当杜林的谬论出笼时，德国工人政党在理论上还不成熟，爱森纳赫派领导人李卜克内西等为了实现组织上的合并，在原则问题上对拉萨尔派做了重大让步，使得党内滋长

---

① 《列宁全集》第17卷，人民出版社2017年版，第12页。

第三章 "三个时期"：对马克思主义发展历程的划分

了对机会主义的迁就情绪。在很长一段时期内，德国工人党的报刊上充斥着杜林的谬论，恩格斯"为了不在如此年轻的、不久前才最终统一起来的党内造成派别分裂和混乱局面的新的可能"①，以中断《自然辩证法》的写作的巨大牺牲，对杜林主义进行了毫不留情的批判，把"这个家伙驳得体无完肤"②。在此基础上，恩格斯还把"消极的批判"上升为"积极的批判"，既有力批驳了杜林主义，也使论战转变成对他和马克思"所主张的辩证方法和共产主义世界观的比较连贯的阐述"③。也正是通过持续不断的理论斗争，马克思、恩格斯才使科学社会主义的主张"深入科学界和工人阶级的公众意识"④，巩固了其在社会主义运动中的领导地位。

19世纪70年代后期，法国工人运动重新兴起。1879年10月，以盖得为代表的马克思主义者在战胜了一帮杂七杂八的反对共产主义的家伙后，决定成立法国工人党。恩格斯说："无产阶级的发展，无论在什么地方总是在内部斗争中实现的，而现在第一次建立工人政党的法国也不例外。"⑤法国工人党组建伊始，党内马克思主义派与马隆、布鲁斯等机会主义者就进行了尖锐的斗争。马隆、布鲁斯等人反对党的纲领，要求取消

---

① 《马克思恩格斯选集》第3卷，人民出版社2012年版，第379页。
② 《马克思恩格斯全集》第34卷，人民出版社1972年版，第38页。
③ 《马克思恩格斯选集》第3卷，人民出版社2012年版，第383页。
④ 《马克思恩格斯选集》第3卷，人民出版社2012年版，第390页。
⑤ 《马克思恩格斯选集》第4卷，人民出版社2012年版，第554页。

《马克思学说的历史命运》《马克思主义的三个来源和三个组成部分》精学导读

党纲上规定的党的最终目的是实现共产主义,认为只要提出一些在当时情况下可能争取到的要求就够了。恩格斯对此指出,马隆、布鲁斯等人不仅是机会主义者,也是一伙卑鄙的浅薄之徒。他们思想狭隘,对马克思充满嫉妒,"许多法国社会主义者一想到以法兰西思想造福世界的、拥有思想垄断权的民族,文明中心的巴黎,现在忽然要接受德国人马克思的现成的社会主义思想,就觉得非常可怕"[①],于是他们竭力贬低马克思的理论贡献。

随着马克思主义在英国的传播,以及欧洲其他国家工人运动的影响,英国也开始建立社会主义组织。此时英国的工人运动中也出现了新的宗派主义和改良主义,它们打着社会主义招牌,其实是资产阶级的改良团体,在思想上竭力抹杀阶级斗争,疯狂仇视和反对主张阶级斗争的马克思主义。对此,列宁一针见血地指出:"内里腐朽的自由派,试图在社会主义的机会主义形态下复活起来。他们把为伟大的战斗准备力量的时期解释成放弃这种战斗。"[②]

19世纪80年代初期,俄国工人运动逐渐发展,罢工斗争不断。从1881年到1886年,共发生罢工事件384次,参加工人达8万人。与此同时,马克思主义在俄国广泛传播,一部分先进工人和知识分子接受了科学社会主义。恩格斯晚年详尽分析了沙皇

---

① 《马克思恩格斯全集》第35卷,人民出版社1971年版,第221页。
② 《列宁全集》第23卷,人民出版社2017年版,第3页。

第三章 "三个时期"：对马克思主义发展历程的划分

俄国在国内外的处境，指出沙皇专制制度的改变"必将在最近若干年内发生，这是毋庸置疑的。但愿这种改变及时发生"①。回顾19世纪晚期欧洲和俄国的工人运动情况可以看出，马克思主义正是在持续批判党内各种机会主义的过程中广泛传播了科学社会主义思想，时刻警惕和防止各种社会庸医把运动引向邪路。

列宁认为"历史的辩证法就是如此"②，"在马克思主义把一切比较完整的、同马克思主义相敌对的学说排挤出去以后，这些学说所表现的倾向就开始给自己另找出路"③。19世纪90年代以前，马克思、恩格斯先后批判了西欧各国的改良主义者和机会主义者，他们的共同特点是对马克思主义的理想信念不够坚定，对资产阶级有妥协倾向，企图放弃阶级斗争，这些瓦解了工人阶级的革命意志。而90年代以后，这种穿着马克思主义的外衣却包藏机会主义祸心的行为，集中表现在"修正主义"分子身上。列宁说："这个派别因前正统的马克思主义者伯恩施坦而得名，因为伯恩施坦叫嚣得最厉害，最完整地表达了对马克思学说的修正，对马克思学说的修改，即修正主义。"④修正主义者试图在政治上修改马克思主义的阶级斗争学说，他们认为，在民主制度下"多数人的意志"起着支配作用，那么就"不能把国家看做阶级统治的机关，也不能拒绝同进步的社会改

---

① 《马克思恩格斯全集》第29卷，人民出版社2020年版，第50页。
② 《列宁全集》第23卷，人民出版社2017年版，第3页。
③ 《列宁全集》第17卷，人民出版社2017年版，第12页。
④ 《列宁选集》第2卷，人民出版社2012年版，第2页。

《马克思学说的历史命运》《马克思主义的三个来源和三个组成部分》精学导读

良派资产阶级实行联合去反对反动派"①。这一思想也影响了俄国的孟什维克机会主义分子,列宁批判他们把民主制等同于无政府主义,是非常荒谬的。随着修正主义的歪风愈演愈烈,其在俄国衍生出各式各样的变种,如经济派、合法马克思主义、取消派、左派民粹派、调和派、崩得分子等。针对这一现象,列宁说:"在俄国这样一个由于经济落后,由于被农奴制残余所蹂躏的农民占人口大多数而非马克思主义的社会主义自然会支持得最久的国家里,这个非马克思主义的社会主义也清清楚楚地在我们眼前转变成修正主义了。"②

为什么"历史的辩证法"会如此上演?列宁从社会发展的现实状况出发探寻缘由:世纪之交"异常剧烈的变化",使得"那些几辈子、几世纪以来一直不关心政治问题、不过问政治问题的居民阶层受到了极其剧烈的震动,这就自然而然地、不可避免地要产生'重新估计一切价值',重新研究各种基本问题,重新注意理论,注意基本常识和初步知识的趋向"③。这些"最广大的阶层"骤然面对这些变化时显得手足无措,他们死记硬背马克思主义的某些口号和某些现成的答案,并不能真正理解马克思主义的基本准则和整体意蕴。于是,这种"重新估计一切价值"的做法就引发了对马克思主义最抽象和最一般的哲学基本原理的"修正"。

---

① 《列宁全集》第17卷,人民出版社2017年版,第16页。
② 《列宁全集》第17卷,人民出版社2017年版,第12—13页。
③ 《列宁全集》第20卷,人民出版社2017年版,第87页。

第三章　"三个时期"：对马克思主义发展历程的划分

三、"1905—1913"：亚洲革命风暴中马克思主义的再次胜利

"当机会主义者还在对'社会和平'赞不绝口，还在对实行'民主制'可以避免风暴赞不绝口的时候，极大的世界风暴的新的发源地已在亚洲出现。继俄国革命之后，发生了土耳其、波斯和中国的革命。我们现在正处在这些风暴以及它们'反过来影响'欧洲的时代。"①列宁把这个急剧变化的新时期视为马克思主义广泛传播和发展的又一次大胜利。

第三个历史时期的时间节点是从 1905 年的俄国革命到第一次世界大战之前。在 1905 年的俄国革命大潮中，工人阶级第一次真正展现了改变历史的力量。尽管布尔什维克和孟什维克在具体斗争路线上吵得不可开交，但双方都认定这场革命本质上是资产阶级民主革命。面对沙皇专制这个共同的敌人，工人阶级在多次革命斗争中得到了锻炼。这场革命就像烈火，烧穿了沙皇统治的铁幕：工人们学会了组织罢工委员会，农民开始夺地斗争。不过当革命浪潮最汹涌时，那些喊着要宪政的资本家老爷们却吓得往后退，既不敢彻底推翻沙皇，又害怕工人真掌了权，最后暴露出资产阶级"墙头草"的本性。在俄国社会民主工党领导和影响下的无产阶级勇敢地登上了政治舞台，创立了新型的阶级组织——苏维埃，积累了政治总罢工和武装起

---

① 《列宁全集》第 23 卷，人民出版社 2017 年版，第 3 页。

《马克思学说的历史命运》《马克思主义的三个来源和三个组成部分》精学导读

义的经验,为 1917 年的十月革命进行了一次总演习。1905 年革命引发了世界革命的多米诺骨牌效应,正如列宁在《关于 1905 年革命的报告》中所说的那样:"俄国革命——正因为具有我说过的那种特殊意义的无产阶级性质——仍然是未来欧洲革命的序幕。"①接下来的日俄帝国主义战争,更是"把广大的农民群众从沉睡中唤醒"②。由于帝国主义侵略的深化,殖民地半殖民地出现了本国本民族的现代劳动阶级——无产阶级,也出现了一批有现代科学知识和观念的知识分子,民族意识觉醒,对帝国主义的反抗意识加剧。于是,从 19 世纪末开始,民族解放运动日益发展起来,革命的浪潮从欧洲国家席卷到亚洲国家,土耳其、印度等也相继发生了人民群众的英勇的民主革命,打击了这些国家的封建势力及其所勾结的帝国主义,从此,"世界上的任何力量也不能恢复亚洲的旧的农奴制度"③。

伴随亚洲革命风暴而来的,是亚洲各国马克思主义者对社会发展道路的思考,到底采取何种社会革命的方式才能迅速走上社会主义道路呢?马克思、恩格斯总结巴黎公社的历史经验时曾指出:"工人阶级不能简单地掌握现成的国家机器,并运用它来达到自己的目的。"④对革命的无产阶级来说,"必须先建立无产阶级专政,其首要条件就是无产阶级的大军。工人

---

① 《列宁全集》第 28 卷,人民出版社 2017 年版,第 332 页。
② 《列宁全集》第 28 卷,人民出版社 2017 年版,第 322 页。
③ 《列宁全集》第 23 卷,人民出版社 2017 年版,第 3 页。
④ 《马克思恩格斯选集》第 3 卷,人民出版社 2012 年版,第 95 页。

第三章 "三个时期"：对马克思主义发展历程的划分

阶级必须在战场上赢得自身解放的权利"[1]。列宁在领导俄国无产阶级革命中进一步发展了马克思、恩格斯的思想，认为"资产阶级国家由无产阶级国家（无产阶级专政）代替，不能通过'自行消亡'，根据一般规律，只能通过暴力革命"[2]。列宁把这一点看作马克思和恩格斯全部革命思想的基础，俄国革命的成功经验是首先在中心城市举行暴力革命，继而走上社会主义道路。在中国，毛泽东把马克思主义暴力革命的学说同中国的具体实践相结合，提出了"枪杆子里面出政权"的原则，探索出农村包围城市、最后夺取城市的道路，并取得了中国革命的胜利。苏联和中国的马克思主义者创立的两个不同的"暴力革命"的方式，给20世纪后半期亚洲国家的马克思主义者以深刻的启迪，使其能够结合本国革命实践的特殊性对"暴力革命"理论作出新的探索，他们在革命斗争的策略上提出了一些契合本国实际的独立见解。总之，这一时期，亚洲的发展中国家始终以马克思主义为指导，进行着艰苦卓绝的"暴力革命"。

亚洲各国的革命同第一个时期的欧洲革命一样，"揭示了自由派的毫无气节和卑鄙无耻，民主派群众独立行动的特殊意义，无产阶级和一切资产阶级之间分明的界限"[3]，并再次证明了"非阶级的政治和非阶级的社会主义"[4]根本不存在。亚

---

[1]《马克思恩格斯选集》第3卷，人民出版社2012年版，第1006页。
[2]《列宁选集》第3卷，人民出版社2012年版，第127页。
[3]《列宁全集》第23卷，人民出版社2017年版，第4页。
[4]《列宁全集》第23卷，人民出版社2017年版，第4页。

《马克思学说的历史命运》《马克思主义的三个来源和三个组成部分》精学导读

洲的革命风暴使机会主义者对"社会和平""民主制"的赞不绝口成了空谈，使马克思学说的科学性再一次得到证明。列宁认为，这一时期有不少机会主义和无政府主义派别对此革命态势的到来缺乏清晰的认知和判断。对此，列宁批判地指出："有些人不注意群众斗争进行准备和得以发展的条件，看到欧洲反资本主义的决战长时间地推迟，就陷入绝望和无政府主义。现在我们看到，这种无政府主义的绝望是多么近视，多么懦弱。"①列宁认为，无政府主义者的世界观是"改头换面的资产阶级世界观"②。他们的个人主义理想是与社会主义背道而驰的。他们那种否认政治斗争的策略会分裂无产者，实际上把无产者变成消极参加某种资产阶级政治的人。不同于无政府主义的偏见和狭隘眼光，列宁高瞻远瞩地看到了亚洲各国民主革命的光明前景和积极意义，他说："亚洲的觉醒和欧洲先进无产阶级夺取政权斗争的开始，标志着20世纪初所开创的全世界历史的一个新阶段。"③

列宁十分肯定并推崇亚洲人民的革命力量，认为亚洲国家虽然在经济上比较落后，但其斗争意识和民主觉醒却远胜于经济更发达的欧洲，然而"谁不知道欧洲先进，亚洲落后呢？"④这里包含一个辛辣的真理。"技术十分发达、文化丰富全面、实行立宪、文明又先进的欧洲，已经进入这样一个历史时期，

---

① 《列宁全集》第 23 卷，人民出版社 2017 年版，第 4 页。
② 《列宁全集》第 12 卷，人民出版社 2017 年版，第 121 页。
③ 《列宁全集》第 23 卷，人民出版社 2017 年版，第 161 页。
④ 《列宁全集》第 23 卷，人民出版社 2017 年版，第 165 页。

第三章 "三个时期"：对马克思主义发展历程的划分

这时当权的资产阶级由于惧怕日益成长壮大的无产阶级而支持一切落后的、垂死的、中世纪的东西。"①正在衰朽的资产阶级与一切已经衰朽的和正在衰朽的势力联合起来，以求保存摇摇欲坠的雇佣奴隶制。非常讽刺的是，在先进的欧洲，当权的是支持一切落后事物的资产阶级，而只有无产阶级才具备先进的革命力量，"只有无产阶级才能使争取美好未来的百万大军日益壮大起来"②。列宁充满感情地指出："在'先进的'欧洲，只有无产阶级才是先进的阶级。而活着的资产阶级甘愿干一切野蛮、残暴和罪恶的勾当，以维护垂死的资本主义奴隶制。"③列宁对亚洲国家里奔腾着的鲜活的无产阶级血液不吝笔墨地大加赞扬。他指出，亚洲的数亿劳动者有无产阶级做他们的可靠的同盟者，"世界上没有任何力量能阻止无产阶级的胜利，而这一胜利一定能把欧洲各国人民和亚洲各国人民都解放出来"④。

列宁这番热情洋溢的歌颂没有被辜负。在亚洲国家的革命浪潮中，许多国家在马克思主义思想的指导下完成了民主革命。其中，有着四亿人口的中国的觉醒无疑是亚洲革命历程中最值得书写的一笔。列宁对中国的辛亥革命给予了高度评价。他全面分析了辛亥革命后中国的政治形势和各党派的斗争，并肯定

---

① 《列宁全集》第23卷，人民出版社2017年版，第165页。
② 《列宁全集》第23卷，人民出版社2017年版，第165页。
③ 《列宁全集》第23卷，人民出版社2017年版，第165页。
④ 《列宁全集》第23卷，人民出版社2017年版，第166—167页。

《马克思学说的历史命运》《马克思主义的三个来源和三个组成部分》精学导读

了孙中山领导的中国革命民主派为唤醒人民、推翻清政府和建立民主制度所作的贡献,揭示了袁世凯和保守派政党的反动性,指出了欧洲资产阶级同中国各反动阶级和反动阶层结成联盟,孙中山领导的国民党同这个联盟的斗争非常艰巨。列宁写道:"不管各种'文明'豺狼现在切齿痛恨的伟大的中华民国的命运如何,世界上的任何力量也不能恢复亚洲的旧的农奴制度,不能铲除亚洲式和半亚洲式国家中的人民群众的英勇的民主精神。"[①]早在19世纪,马克思和恩格斯就已经对中国革命充满期待。马克思从中国的现实问题出发,分析了中国革命斗争的胜利前景。他说,生活在水深火热中的中国人民除了反抗和革命没有别的出路,当时发生的鸦片战争和太平天国运动,就是中华民族奋起抗争的先声。他们深情地预言:"过不了多少年,我们就会亲眼看到世界上最古老的帝国的垂死挣扎,看到整个亚洲新纪元的曙光。"[②]而此后的历史正在一一实现着他们的预言。

[①]《列宁全集》第23卷,人民出版社2017年版,第3页。
[②]《马克思恩格斯选集》第1卷,人民出版社2012年版,第800页。

第四章　马克思主义绝不是"故步自封、僵化不变"的学说

19世纪末20世纪初，马克思主义面临诞生以来最严峻的考验，各种非马克思主义和反对马克思主义的思潮相继出现，打着"修正马克思主义"的旗号蓄意篡改和歪曲马克思主义的科学理论。面对思想上的逆流，列宁坚决扛起捍卫马克思主义理论的大旗。继1913年在《真理报》上刊发《马克思学说的历史命运》一文后，同年3月列宁又在《启蒙》杂志上发表了《马克思主义的三个来源和三个组成部分》，系统阐释了马克思主义的理论来源和主要内容，进一步在工人阶级中深入宣传马克思主义。在这篇文章中，列宁认为，马克思主义"绝不是离开世界文明发展大道而产生的一种故步自封、僵化不变的学说"[1]，"马克思学说是人类在19世纪所创造的优秀成果——德国的哲学、英国的政治经济学和法国的社会主义的当然继承者"[2]，马克思主义天才地回答了人类先进

---

[1]《列宁全集》第23卷，人民出版社2017年版，第41页。
[2]《列宁专题文集·论马克思主义》，人民出版社2009年版，第67页。

《马克思学说的历史命运》《马克思主义的三个来源和三个组成部分》精学导读

思想已经提出的种种问题，是完备而严密的理论体系，具有无限的真理力量。

一、马克思主义是世界文明发展的思想精华

马克思主义究竟是怎样的学说？马克思主义为什么会出现在19世纪40年代？马克思主义的产生是应资本主义发展初期阶段工人斗争需要的权宜之计，还是其他？这不仅是研究马克思主义需要回答的重要问题，而且是判断马克思主义在当今时代是否具有科学意义所必须研究的问题。对马克思主义思想地位的评价，要建立在对马克思主义内容体系的科学把握上。列宁在《马克思主义的三个来源和三个组成部分》中，高度评价了马克思主义的思想地位，系统阐述了马克思主义是超越全部资产阶级科学的理论学说，明确表达了马克思主义是整个世界文明的思想精华。

人类的历史不仅是利用和改造自然界的历史、社会经济形态和政治制度更替的历史，更是人类认识不断发展的历史。在两千多年的人类思想史上，曾经出现过许多理论、学说、主义。例如，西方有古希腊罗马哲学、中世纪宗教哲学、德国古典哲学、英国古典经济学、英法空想社会主义等思想体系，中国也有百花齐放、百家争鸣的各家之言，等等。从人类思想史的长河来看，马克思主义只是其中的一个理论体系。但值得注意的是，马克思主义的出现使人类思想史的发展发生了根本性变化。

第四章　马克思主义绝不是"故步自封、僵化不变"的学说

因为只有这个思想能够代表无产阶级的阶级利益；只有这个思想科学地阐明了人类历史的发展规律；只有这个思想创造的思想体系能够同资产阶级思想体系相抗衡，并且将取而代之，占据人类思想领域的制高点。

马克思主义何以成为这样伟大的理论体系呢？从马克思的著作及其大量手稿中可以看出，马克思在创立自己的学说时，研究了从古代到同时代的许许多多学者的著作，从中吸取了很多养料，并加以提炼、改造，最终形成了自己的思想体系。例如，在创立历史唯物主义、发现人类社会历史发展规律的道路上，马克思吸收了法国唯物主义者历史观中的合理成分，超越了早期思想家的"人是环境的产物"的命题，创造性地提出了"环境的改变和人的活动的一致，只能被看做是并合理地理解为变革的实践"[1]。根据麦克莱伦在《马克思传》中的描述，1851年1—8月，马克思研读了从稀有金属、货币、信贷到银行、农学、技术等诸方面的著作，在笔记本上写满了从80位作者的著作中摘录的大段大段的文字，进行了极为广泛的阅读。马克思曾坦陈，"无论是发现现代社会中有阶级存在或发现各阶级间的斗争，都不是我的功劳。在我以前很久，资产阶级的历史学家就已叙述过阶级斗争的历史发展，资产阶级的经济学家也已对各个阶级作过经济上的分析"[2]。正是在这个意义上，用列

---

[1]《马克思恩格斯选集》第1卷，人民出版社2012年版，第138页。
[2]《马克思恩格斯全集》第28卷，人民出版社1973年版，第509页。

《马克思学说的历史命运》《马克思主义的三个来源和三个组成部分》精学导读

宁的话来说，马克思主义之所以正确，之所以能够掌握最革命阶级的千百万人的心灵，是因为"吸收和改造了两千多年来人类思想和文化发展中一切有价值的东西"①。

马克思主义理论体系的创立，"依靠了人类在资本主义制度下所获得的全部知识的坚固基础"②，尤其是批判地继承了这一时期哲学、政治经济学和社会主义中极伟大的代表人物的学说。关于马克思主义哲学的理论来源，恩格斯指出："如果不是先有德国哲学，特别是黑格尔哲学，那么德国科学社会主义，即过去从来没有过的唯一科学的社会主义，就决不可能创立。"③这充分说明了马克思主义哲学体系的创立是站在德国古典哲学的高峰之上的。关于马克思主义政治经济学的理论来源，马克思曾说："我的价值、货币和资本的理论就其要点来说是斯密—李嘉图学说的必然的发展。"④关于科学社会主义的理论来源，列宁明确指出："德国的理论上的社会主义永远不会忘记，它是站在圣西门、傅立叶和欧文这三个人的肩上的。"⑤马克思、恩格斯的伟大创造在于，他们沿着前人开辟的道路将对诸多问题的认知上升至全新的高度。例如，他们从哲学、政治经济学和社会主义相结合的高度，拓展了思考"资

---

① 《列宁专题文集·论社会主义》，人民出版社2009年版，第167页。
② 《列宁全集》第39卷，人民出版社2017年版，第333页。
③ 《马克思恩格斯选集》第3卷，人民出版社2012年版，第36页。
④ 《马克思恩格斯选集》第2卷，人民出版社2012年版，第91页。
⑤ 《列宁全集》第6卷，人民出版社2013年版，第25页。

第四章　马克思主义绝不是"故步自封、僵化不变"的学说

本主义向何处去"等时代课题的理论视界。正如列宁所指出的："由于古典经济学家发现了价值规律和社会划分为阶级这一基本现象,创立了这门科学,由于18世纪的启蒙运动者同前者一起用反封建主义反僧侣主义的斗争进一步丰富了这门科学,由于19世纪初的历史学家和哲学家们(尽管他们抱有反动观点)进一步阐明了阶级斗争的问题,发展了辩证方法,并把它用于或开始用于社会生活,从而把这门科学推向前进,马克思主义正是在这条道路上又向前跨出了几大步,所以它是欧洲整个历史科学、经济科学和哲学科学的最高发展。"[1]列宁的这段话深刻揭示了马克思主义与人类进步思想之间的继承与创新关系。

列宁特别指出,马克思对待人类思想的态度是扬弃的,他在创立马克思主义的过程中,不仅吸收了人类创造的一切文明成果,而且对"人类社会所创造的一切,他都有批判地重新加以探讨"[2],任何一点都没有忽略过去,从而"得出了那些被资产阶级狭隘性所限制或被资产阶级偏见束缚住的人所不能得出的结论"[3]。事实上,列宁本人在批判地学习和借鉴人类思想大厦中的宝藏、创新和发展马克思主义方面,也为后人做了很好的榜样。例如,十月革命后,列宁在批判以波格丹诺夫为代表的无产阶级文化派的历史虚无主义态度的同时,号召布尔什维克学习马克思从唯物主义的角度来理解黑格尔的辩证法,

---

[1]《列宁全集》第25卷,人民出版社2017年版,第51页。
[2]《列宁全集》第39卷,人民出版社2017年版,第334页。
[3]《列宁全集》第39卷,人民出版社2017年版,第334页。

《马克思学说的历史命运》《马克思主义的三个来源和三个组成部分》精学导读

以便在反对宗教有神论、反对资产阶级世界观的复辟的斗争中立于不败之地。正是因为克服了同时代许多人在此方面的不足，列宁才能超越他们，才能比同时代人更加深刻地掌握马克思学说的真谛。列宁的这些谆谆教导对于我们批判性地考察当今一切优秀文化成果，创新发展 21 世纪的马克思主义，仍然具有重要的方法论指导意义。

二、马克思学说是 19 世纪三大优秀成果的"当然继承者"

恩格斯曾说，马克思主义"同任何新的学说一样，它必须首先从已有的思想材料出发，虽然它的根子深深扎在物质的经济的事实中"①。这段话道出了人类思想发展的一个基本规律。一个新的学说之所以必然出现在一定的历史阶段，其根源或基础是"物质的经济的事实"，即社会生产力发展状况和在此基础上形成的社会经济关系。另外，人类思想的发展又有其连续性、继承性，新学说的创立都要从已有的思想材料出发。马克思是思想的巨人，他站在 19 世纪人类优秀思想家的肩膀上，攀登了人类思想的又一座高峰，创立了代表欧洲整个历史科学、经济科学和哲学科学最高发展成就的学说——马克思主义。马克思主义的产生并非从天而降，而是在吸取前人思想精华的基

---

① 《马克思恩格斯选集》第 3 卷，人民出版社 2012 年版，第 775 页。

第四章　马克思主义绝不是"故步自封、僵化不变"的学说

础上创新创造的结果。对此，列宁说道，"马克思学说是人类在 19 世纪所创造的优秀成果——德国的哲学、英国的政治经济学和法国的社会主义的当然继承者"①。

18 世纪末 19 世纪初，随着经济的迅速发展，自然科学和社会科学取得了重大进展。在自然科学方面，从以牛顿经典力学为主要标志的第一次科学革命到 19 世纪以自然科学全面发展为主要表征的第二次科学革命，从以纺织机和蒸汽机为主导技术的第一次技术革命到以电动机和发电机为主导技术的第二次技术革命，自然科学成果井喷式涌现，在社会生活中应用极为广泛。马克思、恩格斯极为关注自然科学的最新成果，"任何一门理论科学中的每一个新发现——它的实际应用也许还根本无法预见——都使马克思感到衷心喜悦，而当他看到那种对工业、对一般历史发展立即产生革命性影响的发现的时候，他的喜悦就非同寻常了"②。恩格斯称赞"星云假说"的创立是在"形而上学思维方式的观念上打开了第一个突破口"③，地质"渐变论"的创立"把知性带进地质学"④，元素周期律的发现"完成了科学上的一个勋业"⑤，达尔文生物进化论的创立是"第三个大发现"，"自然界的主要过程"被归结为"自

---

① 《列宁专题文集·论马克思主义》，人民出版社 2009 年版，第 67 页。
② 《马克思恩格斯选集》第 3 卷，人民出版社 2012 年版，第 1003 页。
③ 《马克思恩格斯选集》第 3 卷，人民出版社 2012 年版，第 433 页。
④ 《马克思恩格斯选集》第 3 卷，人民出版社 2012 年版，第 853 页。
⑤ 《马克思恩格斯选集》第 3 卷，人民出版社 2012 年版，第 907 页。

《马克思学说的历史命运》《马克思主义的三个来源和三个组成部分》精学导读

然的原因"①。在社会科学方面,这一时期各种恢宏巨著、名作名篇纷纷涌现,哲学论著方面比较经典的有黑格尔的《精神现象学》《哲学史讲演录》、费尔巴哈的《黑格尔哲学批判》《基督教的本质》等;经济学著作影响较大的是李嘉图的《政治经济学及赋税原理》、西斯蒙第的《政治经济学新原理》等;关于社会主义学说的名篇,有圣西门的《论欧洲社会的改组》、欧文的《新社会观,或论人类性格的形成》等。

这种理论气氛和时代背景非常有利于马克思从中汲取理论营养。马克思和恩格斯好学敏求、知识渊博,广泛涉猎各个学科的知识。可以说,当时德国、英国、法国形成的特殊理论环境造就了孕育马克思主义的最好条件。正如恩格斯所说:英国是"政治经济学的故乡",大革命后的法国是一个"最讲究政治的国家",德国是一个"哲学民族"的国家。从 19 世纪的历史环境和西欧的经济发展来看,英国、法国和德国代表了当时时代发展的巅峰;同时在思想领域,英国政治经济学经过资产阶级经济学家对资本主义经济发展的分析,法国社会主义学说经过激进小资产阶级社会主义者对空想社会主义学说的改造,德国哲学经过青年黑格尔派对黑格尔哲学的批判,也都达到了巅峰状态,不仅代表了本国的最高成就,而且代表了 19 世纪欧洲社会科学的最高成就。德国古典哲学、英国古典政治经济学、英法空想社会主义也由此构成了马克思主义的主要思

---

① 《马克思恩格斯全集》第 26 卷,人民出版社 2014 年版,第 525 页。

第四章　马克思主义绝不是"故步自封、僵化不变"的学说

想来源,即列宁所说的"三个来源"。

列宁对马克思主义"三个来源"的判断,符合马克思主义本身的理论发展逻辑,体现了逻辑与历史的统一。从马克思主义创始人的研究历程看,马克思和恩格斯的理论研究工作始终是围绕着哲学、政治经济学、社会主义这三门学科开展的。马克思和恩格斯都是从接受德国古典哲学开始自己的理论活动的。马克思的博士论文《德谟克利特的自然哲学和伊壁鸠鲁的自然哲学的差别》、恩格斯的《谢林论黑格尔》《谢林——基督哲学家》都是典型的哲学论文。马克思、恩格斯早期也受到黑格尔唯心主义的影响,但是又不囿于黑格尔哲学。从一开始,马克思就抱着分析的态度看待黑格尔哲学,但真正动摇他对黑格尔哲学信仰的,是现实生活中的种种矛盾。马克思本人在《〈政治经济学批判〉序言》中明确说过:"1842—1843年间,我作为《莱茵报》的编辑,第一次遇到要对所谓物质利益发表意见的难事。莱茵省议会关于林木盗窃和地产析分的讨论,当时的莱茵省总督冯·沙培尔先生就摩泽尔农民状况同《莱茵报》展开的官方论战,最后,关于自由贸易和保护关税的辩论,是促使我去研究经济问题的最初动因。"[①]马克思探讨哲学和经济学相结合的问题的初步成果,反映在《〈黑格尔法哲学批判〉导言》一文中。通过对黑格尔法哲学的批判,马克思认识到:"法的关系正像国家的形式一样,既不能从它们本身来理解,也

[①]《马克思恩格斯选集》第2卷,人民出版社2012年版,第1—2页。

《马克思学说的历史命运》《马克思主义的三个来源和三个组成部分》精学导读

不能从所谓人类精神的一般发展来理解,相反,它们根源于物质的生活关系,这种物质的生活关系的总和,黑格尔按照 18 世纪的英国人和法国人的先例,概括为'市民社会',而对市民社会的解剖应该到政治经济学中去寻求。"①

1843 年迁居巴黎以后,马克思就转入了经济学研究。他在《1844 年经济学哲学手稿》中第一次从唯物主义和共产主义的立场出发,对资产阶级经济学进行了批判性考察,初步勾勒了马克思主义奠基人整个思想理论大厦的轮廓。马克思和恩格斯在《德意志意识形态》中确立了唯物史观,从而把对社会主义的论证建立在唯物的、经济的分析基础之上。1848 年,《共产党宣言》全面阐述了马克思主义的科学理论体系。1849 年到达伦敦后,马克思以毕生精力从事《资本论》的写作。列宁评价说,《资本论》不仅是伟大的经济学著作,也是最重要的哲学著作,是"大写的逻辑"。在经济事实中为共产主义运动找到经验的基础和理论的基础,这曾经是马克思给自己提出的研究课题,无产阶级政治经济学正是在《资本论》中建立起来的。此时的马克思、恩格斯不再简单地把消灭私有制看作是从人的本性出发提出的要求,而是看作资本主义制度下生产力和生产关系之间矛盾运动的必然结果。"现代的个人必须去消灭私有制,因为生产力和交往形式已经发展到这样的程度,以致它们在私有制的统治下竟成了破坏力量,同时还因为阶级对立达到

---

① 《马克思恩格斯选集》第 2 卷,人民出版社 2012 年版,第 2 页。

第四章　马克思主义绝不是"故步自封、僵化不变"的学说

了极点。"①对于未来的共产主义社会，他们也从生产关系必须适应生产力状况的辩证规律出发分析了它赖以存在的前提条件。首要的，是使生产力尽快地获得"巨大增长和高度发展"。只有这样，才能逐步做到消灭城乡对立、体力劳动和脑力劳动的对立，人们不再屈从于分工，社会将实行按需分配，等等。"如果没有这种发展，那就只会有贫穷、极端贫困的普遍化；而在极端贫困的情况下，必须重新开始争取必需品的斗争，全部陈腐污浊的东西又要死灰复燃。"②因此，为了实现未来的共产主义，无产阶级必须进行共产主义革命。

可见，在马克思主义创立的过程中，无论是马克思还是恩格斯，他们的理论研究工作始终是围绕着哲学、政治经济学、社会主义这三门学科开展的。19世纪70年代，在机会主义分子杜林的叫嚣肆意猖獗时，恩格斯分别从这三个部分回击了杜林的歪理邪说，《反杜林论》的体系结构进一步明确了马克思主义的三个组成部分。恩格斯在《社会主义从空想到科学的发展》德文第一版序言中指出，"科学社会主义本质上就是德国的产物"③，但是也离不开英国和法国发展了的经济关系和政治关系。可见，列宁关于马克思主义的"三个来源"和"三个组成部分"的思想，并非主观臆测，而是符合马克思主义创始人的思想发展历程和理论研究主旨的。

---

① 《马克思恩格斯全集》第3卷，人民出版社1960年版，第516页。
② 《马克思恩格斯选集》第1卷，人民出版社2012年版，第166页。
③ 《马克思恩格斯选集》第3卷，人民出版社2012年版，第746页。

从功能上来看,"三个组成部分"是最能集中反映马克思主义科学体系、本质内涵、思想主旨的。列宁曾坦率地说:"这种理论和任何理论一样,至多只能指出基本的、一般的东西,只能大体上概括实际生活中的复杂情况。"[①]也就是说,列宁认为,在与形形色色的非马克思主义和反马克思主义思潮做斗争时,在向人民阐明马克思主义学说的理论主张时,必须引导人们去把握马克思主义最本质的东西、最具决定性意义的部分、最基本的理论架构;而在揭示马克思主义产生的理论来源时,也必须引导人们关注马克思主义最主要的理论来源,而不是让人们停留在一些细枝末节的问题上。这段话也从侧面阐述了"三个来源"和"三个组成部分"这一概括的科学性和必要性。

三、扬弃与超越:马克思主义对人类种种问题的天才回答

面对人类优秀文明成果尤其是19世纪的三大思想,马克思不仅仅是继承,更重要的是创新和超越。列宁曾说,马克思是德国古典哲学、英国古典政治经济学及同法国所有革命学说相联系的法国社会主义的继承者和"天才的完成者"。所谓"完成者",意味着前人未能解决的问题在马克思这里获得了解决。

[①]《列宁全集》第29卷,人民出版社2017年版,第139页。

第四章　马克思主义绝不是"故步自封、僵化不变"的学说

对于人类来说，最为重大和艰巨的理论问题，莫过于揭示自身的发展规律；而对于现代人类来说，最为重大和艰巨的理论问题，莫过于揭示资本主义社会的运动规律。如何看待国家与市民社会的关系？如何理解生产发展与劳动异化的关系？私有制是否是永恒的？人类能否彻底消灭剥削？等等。以上任意一个问题都是旷世难题，马克思主义产生以前的思想家有的发现了问题，有的试图找寻答案却不得其法，而只有马克思对这些问题作出了天才的回答。

恩格斯在马克思墓前的讲话中，对马克思作出了这样的概括和评价："正像达尔文发现有机界的发展规律一样，马克思发现了人类历史的发展规律"，"马克思还发现了现代资本主义生产方式和它所产生的资产阶级社会的特殊的运动规律"[1]。作为马克思主义的标志性产物，这"两大发现"不仅使人类自觉到自身的发展规律，而且使人类自觉到"现实的历史"即资本主义的发展规律；不仅建立了崇高的社会理想，还擘画了人类文明新形态的宏伟蓝图，并阐释了通往这一理想的现实道路。无论是从对问题把握的本质程度来看，还是从对问题分析的深刻程度来看，以及对社会发展趋势判断的明晰性与准确性来看，马克思都达到了以前的思想理论家们不曾达到的高度，这也是马克思主义具有真理性力量的主要原因。正因为如此，列宁说道："马克思的全部天才正是在于他回答了人类先进思想已经

---

[1]《马克思恩格斯选集》第3卷，人民出版社2012年版，第1002页。

《马克思学说的历史命运》《马克思主义的三个来源和三个组成部分》精学导读

提出的种种问题。"①

　　具体来看,唯物史观的发现揭示了人类社会发展的规律,是马克思主义的第一个"天才"发现。这个发现经历了长期且曲折的过程。追溯到马克思读书时期,当时黑格尔的唯心主义哲学思想十分流行,马克思也在某种程度上接受了黑格尔的思想,虽然已发现黑格尔哲学的不完善之处,但并没有走出思辨哲学的范围。后来,现实生活中的种种矛盾促使他由唯心主义转向唯物主义,由民主主义转向共产主义。1842年10月,马克思大学毕业后不久受聘为《莱茵报》编辑。年仅24岁的青年马克思由"理性王国"踏入现实社会之后,立刻遇到了一向受哲学家们轻视的物质利益问题。1841年莱茵省议会通过的一个法案规定,未经林木占有者许可,不得捡枯枝,否则以盗窃论处。基于对贫苦农民阶级权益的坚定维护立场,马克思发表了《关于林木盗窃法的辩论》一文,对莱茵省议会及其相关法案展开了深刻批判。需要指出的是,此时马克思尚未形成完整的经济学研究框架,这使得他在涉及物质利益问题的论证过程中,面临着理论准备不足的困境。也正是这篇《关于林木盗窃法的辩论》让马克思彻底意识到黑格尔唯心主义的弊端。黑格尔提出,国家和法是"自在自为的理性东西",超然于私人利益之上。然而,当理论照进现实,其学说与客观社会形态呈现明显悖离,由此引发根本性追问:究竟国家、法和物质利益之间,

---

① 《列宁全集》第23卷,人民出版社2017年版,第41页。

第四章　马克思主义绝不是"故步自封、僵化不变"的学说

是谁决定谁呢？

另一个有关物质利益的"难事"是摩泽尔地区农民贫困的原因。《莱茵报》发表了小资产阶级民主主义者科布伦茨关于摩泽尔地区酿酒农民生活极端贫困的报道之后，莱茵省总督冯·沙培尔指责此文歪曲事实，诽谤政府。马克思实地调查后，发表了《摩泽尔记者的辩护》一文，为贫困农民辩护。文中，他一针见血地指出，农民贫困的原因是普鲁士的封建官僚制度。马克思这时已清楚地认识到，是某种客观关系决定国家制度和管理原则。他说："人们在研究国家状况时很容易走入歧途，即忽视各种关系的客观本性，而用当事人的意志来解释一切。但是存在着这样一些关系，这些关系既决定私人的行动，也决定个别行政当局的行动，而且就像呼吸的方式一样不以他们为转移。"[①]

马克思的这些分析说明，在国家与物质利益的关系问题上，他的认识已经向唯物主义跨进了一步，为以后论证上层建筑同经济基础的辩证关系打下了基础。从唯心主义到历史唯物主义雏形，此时的马克思已经站在了远超过去思想成果的视野之外。此后，马克思在《黑格尔法哲学批判》中指出，黑格尔关于伦理理念三个发展阶段的论述是一种"逻辑的泛神论的神秘主义"，他把家庭、市民社会、国家看成是伦理理念的表现形式，似乎"现实的理念"是按一定的原则并抱有一定的目的

[①]《马克思恩格斯全集》第1卷，人民出版社1995年版，第363页。

《马克思学说的历史命运》《马克思主义的三个来源和三个组成部分》精学导读

而行动的,"理念变成了独立的主体,而家庭和市民社会对国家的现实关系变成了理念所具有的想象的内部活动"①。马克思说,这是"头足倒置"。在批判黑格尔唯心主义观点的基础上,马克思唯物地说明了国家和市民社会的关系,"家庭和市民社会都是国家的前提,它们才是真正活动着的"②。恩格斯在1869年谈到马克思这个时期的思想发展时说:马克思对黑格尔法哲学的批判得出了这样一种见解,"要获得理解人类历史发展过程的锁钥,不应当到被黑格尔描绘成'大厦之顶'的国家中去寻找"③。尽管经历了曲折的思想历程,但马克思最终弄清了国家与市民社会的关系,了解了应当到哪里去寻找理解人类历史发展规律的锁钥。

要理解人类历史规律就要先剖析市民社会,而要做到这一点,又必须研究政治经济学,必须对资本主义社会的生产方式作出科学分析。马克思把一生中的黄金时间都用于分析资本主义的经济关系,其中的艰辛正如他所描述的,"在科学的入口处,正像在地狱的入口处一样"④。马克思、恩格斯对"市民社会"的剖析为建立唯物史观创造了条件,而唯物史观的建立又反过来推动他们开展经济学研究,并为无产阶级政治经济学的形成提供科学的世界观和方法论。

---

① 《马克思恩格斯全集》第1卷,人民出版社1956年版,第250页。
② 《马克思恩格斯全集》第3卷,人民出版社2002年版,第10页。
③ 《马克思恩格斯全集》第16卷,人民出版社1964年版,第409页。
④ 《马克思恩格斯选集》第2卷,人民出版社2012年版,第5页。

第四章　马克思主义绝不是"故步自封、僵化不变"的学说

从 1857 年开始,马克思正式写作了一系列经济学著作。他从商品这个元素入手,分析了商品的使用价值和价值,区分了具体劳动和抽象劳动的概念,从而得出了科学的劳动价值理论。同时,马克思解答了李嘉图劳动价值理论的两大缺陷:一是劳动价值理论和资本主义利润来源之间的矛盾;二是劳动价值理论和等量资本获得等量利润之间的矛盾。在此基础上,马克思创立了剩余价值理论,阐明了资产阶级剥削的实质,为无产阶级的革命斗争作了科学理论指导。这是马克思的第二个天才发现。

在"两大发现"的基础上,马克思创立了科学社会主义,回答了人类的理想社会如何实现的难题。马克思明确指出,空想社会主义只是揭露"现实的不合理",而科学社会主义则是批判"不合理的现实";前者只能对社会主义作出种种美好的"设想",只是"某个天才头脑的偶然发现",后者则从现实出发,从人们的社会存在出发,指出了实现社会主义的"条件和进程"。恩格斯指出,一切社会变迁和政治变革的终极原因,应当到生产方式和交换方式的变更中去寻找,应当到有关时代的经济中去寻找。马克思、恩格斯肯定了生产力的最终决定作用,并从这个"最革命""最活跃"的因素中找到了最现实的批判力量,创建了"关于现实的人及其历史发展的科学"[1],回答了资本主义向何处去、人类向何处去的宏大时代命题。

---

[1]《马克思恩格斯全集》第 28 卷,人民出版社 2018 年版,第 349 页。

《马克思学说的历史命运》《马克思主义的三个来源和三个组成部分》精学导读

总之,马克思主义之所以能与其他形形色色的"主义"区别开来,就在于它第一次破解了自然界、人类社会、人类思维发展的内在规律,揭示了资本主义社会转变为社会主义社会和共产主义社会的客观规律,并且指明了无产阶级获得彻底解放的历史条件和历史使命,为实现全人类的自由和解放指明了道路,透视出历史运动的本质和时代发展的方向。可见,马克思主义虽然来源于德国古典哲学、英国古典政治经济学、英法空想社会主义,但是最终实现了对它们的彻底超越与升华。马克思的科学研究过程,就像列宁所说的那样,"凡是人类社会所创造的一切,他都有批判地重新加以探讨,任何一点也没有忽略过去。凡是人类思想所建树的一切,他都放在工人运动中检验过,重新加以探讨,加以批判,从而得出了那些被资产阶级狭隘性所限制或被资产阶级偏见束缚住的人所不能得出的结论"[①]。因此,马克思的思想理论源于那个时代,又超越了那个时代;既是那个时代精神的精华,又是整个人类精神的精华。

[①]《列宁全集》第 39 卷,人民出版社 2017 年版,第 334 页。

第五章　马克思主义具有严整的科学体系

任何一种科学的理论体系都是作为一个完整的整体而存在的，马克思主义也不例外。只有从整体上把握马克思主义，才能无论在任何时代都能一以贯之地坚持马克思主义的立场、观点、方法，因为各种在思想、路线上背离马克思主义的行为都以在理论上对马克思主义的肢解为基础。为了反对修正主义把马克思主义实证化、庸俗化，列宁坚持从整体上阐释马克思主义的学说，致力于在俄国工人党中宣传完整、科学的马克思主义。

列宁在多篇著作中都各有侧重地、系统地阐述了马克思主义学说的内在逻辑，而1913年写作的《马克思主义的三个来源和三个组成部分》一文，可以说是阐述马克思主义科学体系的经典篇目。列宁在这篇文献中阐明了马克思主义的三个组成部分并不是相互分离的，而是具有好比是"一块整钢"的内在联系，"马克思的观点极其彻底而严整，这是马克思的对手也承认的，这些观点总起来就构成作为世界各文明国家工人运动的理论和纲领的现代唯物主义和现代科学社会主义"[1]。

---

[1]《列宁全集》第26卷，人民出版社2017年版，第52页。

《马克思学说的历史命运》《马克思主义的三个来源和三个组成部分》精学导读

一、伟大的认识工具：完备而彻底的哲学唯物主义

列宁十分推崇马克思主义的哲学观点。无论是在俄国革命实践中，还是在同修正主义、马赫主义、经验批判主义的哲学论战中，列宁都坚决捍卫马克思主义哲学唯物主义理论体系。列宁认为，马克思主义的哲学唯物主义是马克思、恩格斯的伟大发现，给广大工人阶级提供了绝好的"认识工具"。这个伟大发现有别于18世纪的法国唯物主义思想，也超越了19世纪德国古典哲学的集大成，它是一种完备而彻底的哲学唯物主义。

在马克思主义哲学的唯物主义世界观产生之前，法国唯物主义在整个社会的认知水平中起着一定程度的引领作用。恩格斯在《路德维希·费尔巴哈和德国古典哲学的终结》中揭示了这一现象："法国人同整个官方科学，同教会，常常也同国家进行公开的斗争；他们的著作在国外，在荷兰或英国印刷，而他们本人则随时都可能进巴士底狱。"[1]列宁也说："在欧洲全部近代史中，特别是18世纪末叶，在同一切中世纪废物，同农奴制和农奴制思想展开决战的法国，唯物主义成了唯一彻底的哲学，它忠于一切自然科学学说，仇视迷信、伪善行为及其他等等。"[2]法国唯物主义于18世纪40—80年代产生并获得发展，是法国资产阶级大革命的哲学先导。法国反对农奴制和

---

[1]《马克思恩格斯全集》第28卷，人民出版社2018年版，第321页。
[2]《列宁全集》第23卷，人民出版社2017年版，第42页。

第五章　马克思主义具有严整的科学体系

农奴制思想的决战,是在比英国17世纪资产阶级革命更高的物质生产力发展水平的基础上实行的。陈腐了的封建生产关系与快速发展的生产力的对抗与冲突,在18世纪初日益显露出来,社会的撕裂性阻碍了法国资产阶级在工业中实行工厂制和大机器生产。此时,法国先进的思想家和哲学家面临着实践向自己提出的新任务,即要从制度上和思想上打击封建制度,宣扬适用于新的资本主义经济基础的新观点。法国唯物主义者通过对思辨的形而上学的批判,在实践中把洛克的唯物主义经验观点同笛卡儿的机械唯物主义观点结合起来,发展成为一种对当时来说唯一彻底的唯物主义和无神论世界观体系。马克思和恩格斯在《神圣家族》中驳斥鲍威尔等人对法国唯物主义的歪曲时曾深刻指出:"17世纪的形而上学的衰败可以说是由18世纪唯物主义理论的影响造成的,这正如同这种理论运动本身是由当时法国生活的实践性质所促成的一样。这种生活趋向于直接的现实,趋向于尘世的享乐和尘世的利益,趋向于尘世的世界。和它那反神学、反形而上学的唯物主义实践相适应的,必然是反神学、反形而上学的唯物主义理论。"[1]法国唯物主义者在自然观上坚持彻底的唯物主义,并且把唯物主义运用到"社会生活方面",提出了人是环境和教育的产物。

但是,法国唯物主义者并没有把他们确立的完整的唯物主义路线在社会生活领域内贯彻到底。归根到底,他们无法说明

---

[1]《马克思恩格斯全集》第2卷,人民出版社1957年版,第161页。

《马克思学说的历史命运》《马克思主义的三个来源和三个组成部分》精学导读

人的现实本质，也无法认识到社会意识是社会存在的反映，最终只能在社会领域走向唯心主义。法国唯物主义者对自然的唯物主义的认识和对社会的唯心主义的认识的这种矛盾性，成为后期法国大革命失败的思想原因。因为他们没有从历史深处发现工农群众的主体力量，没有坚定地同工农群众的利益站在一起，对于工农群众的革命觉悟怀有"先天的恐惧"，资产阶级畏首畏尾、缩手缩脚的个性，促使他们在如何推翻旧制度上总是趋向于改良，对统治者抱有幻想。

相比法国的唯物主义思想，德国古典哲学显得更为系统，成为19世纪人类哲学史的高峰。当我们沿着18世纪以来人文主义的传统，按照"卢梭—康德—费希特—黑格尔—费尔巴哈"的顺序来考察哲学的发展时，我们会看到，德国古典哲学是对法国革命这一历史的哲学表达，在思想上直接与启蒙思想相联系，其要解决的正是18世纪遗留的历史课题。恩格斯也明确指出了德国哲学的官方地位："德国人是一些教授，一些由国家任命的青年的导师，他们的著作是公认的教科书，而全部发展的最终体系，即黑格尔的体系，甚至在某种程度上已经被推崇为普鲁士王国的国家哲学！"[1]黑格尔理论体系的精髓在于辩证法。"这种辩证哲学推翻了一切关于最终的绝对真理和与之相应的绝对的人类状态的观念。在它面前，不存在任何最终的东西、绝对的东西、神圣的东西；它指出所有一切事物的暂时

---

[1]《马克思恩格斯全集》第28卷，人民出版社2018年版，第321页。

第五章　马克思主义具有严整的科学体系

性；在它面前，除了生成和灭亡的不断过程、无止境地由低级上升到高级的不断过程，什么都不存在。"①看似僵硬的外在对立，经过一系列的矛盾转化都成为事物发展的内在环节。在黑格尔这里，事物之间绝对的界限消失了，关注历史过程及其规律成为哲学中的重要问题。但是黑格尔的辩证法实质上是违背辩证法本性的唯心主义，马克思把它称为是一种"头足倒置"。在马克思看来，辩证法本来是把握世界终极存在及其历史变化趋势的唯一科学方法，但是在黑格尔那里，"只是概念的自己运动的翻版，而这种概念的自己运动是从来就有的（不知在什么地方），但无论如何是不依任何能思维的人脑为转移的"②。同时，黑格尔以唯心主义的颠倒方式提出了世界的辩证统一和人类历史的发展规律问题，贡献了许多具有历史唯物主义萌芽的思想观点。他用"时代精神"表征历史规律，通过"历史伟人"间接论证了人类认识历史规律的可能性，通过对世界作为"过程集合体"矛盾运动的把握，确立了历史必然性思想。

不仅如此，黑格尔对历史唯物主义的又一贡献是提出了人类历史活动动机的客观性问题。列宁对此评价道："历史唯物主义，是在黑格尔那里处于萌芽状态的天才思想——种子——的一种应用和发展。"③此后，列宁又对这一观点进行了准确表述："人的目的是客观世界所产生的，是以它为前提的，——认

---

① 《马克思恩格斯全集》第28卷，人民出版社2018年版，第324页。
② 《马克思恩格斯全集》第28卷，人民出版社2018年版，第352页。
③ 《列宁全集》第55卷，人民出版社2017年版，第160页。

《马克思学说的历史命运》《马克思主义的三个来源和三个组成部分》精学导读

定它是现存的、实有的。"①可以说,黑格尔的唯心主义哲学体系,也是马克思主义新世界观诞生的重要理论来源。列宁详细说明了黑格尔理论体系与马克思主义的理论递进关系,"马克思并没有停止在 18 世纪的唯物主义上,而是把哲学向前推进了。他用德国古典哲学的成果,特别是用黑格尔体系(它又导致了费尔巴哈的唯物主义)的成果丰富了哲学。这些成果中主要的就是辩证法,即最完备最深刻最无片面性的关于发展的学说"②。

费尔巴哈是对黑格尔辩证法进行唯物主义颠倒不可或缺的"中间环节"。正如列宁所指出的那样,"马克思和恩格斯的学说是从费尔巴哈那里产生出来的,是在与庸才们的斗争中发展起来的"③。列宁还说道,"从 1844—1845 年马克思的观点形成时起,他就是一个唯物主义者,首先是路·费尔巴哈的信奉者,就是到后来他还认为,费尔巴哈的弱点仅仅在于他的唯物主义不够彻底和全面。马克思认为费尔巴哈的'划时代的'世界历史作用,就在于他坚决同黑格尔的唯心主义决裂,宣扬了唯物主义"④。费尔巴哈克服了近代以来唯物主义忽视"人"的倾向,把人和自然、人和人的统一作为世界本体,他用"感性存在的人"超越了唯心主义的"观念人",确立了人作为感

---

① 《列宁全集》第 55 卷,人民出版社 2017 年版,第 159 页。
② 《列宁全集》第 23 卷,人民出版社 2017 年版,第 42 页。
③ 《列宁全集》第 18 卷,人民出版社 2017 年版,第 345 页。
④ 《列宁专题文集·论马克思主义》,人民出版社 2009 年版,第 7—8 页。

性对象的客观存在。他的理论缺陷是把人只看作感性对象,而不是感性活动,因为他在这里也仍然停留在抽象的直观领域,没有从人们现有的社会联系,从那些使人们成为现在这种样子的周围生活条件出发来观察人们。因此,马克思、恩格斯以批判费尔巴哈的方式完成了自己的哲学变革,体现了其思想"中间环节"的作用。

总之,马克思主义哲学是从黑格尔哲学解体中产生的、唯一结出果实的思想。马克思对黑格尔的辩证法进行了唯物主义的颠倒,形成了唯物辩证法这一科学的世界观和方法论。他还把唯物主义原则贯彻到历史领域,不仅看到自然规律与历史规律的区别,还看到两者的一致性,这是费尔巴哈和此前的哲学家们都没有看到的关键之处。列宁高度评价马克思主义的哲学唯物主义,"马克思加深和发展了哲学唯物主义,而且把它贯彻到底,把它对自然界的认识推广到对人类社会的认识。马克思的历史唯物主义是科学思想中的最大成果。过去在历史观和政治观方面占支配地位的那种混乱和随意性,被一种极其完整严密的科学理论所代替"[①]。马克思主义学说这个彻底的、完备的唯物主义的根本点就在于唯物论和辩证法的有机结合,从而形成了科学的世界观和方法论,为无产阶级指明了斗争的方向。正如恩格斯所说:"德国的工人运动是德国古典哲学的继

[①]《列宁全集》第 23 卷,人民出版社 2017 年版,第 45 页。

《马克思学说的历史命运》《马克思主义的三个来源和三个组成部分》精学导读

承者。"①

一旦拥有了唯物辩证法这一思想武器,无产阶级就会深刻懂得,表面上是偶然性在起作用的地方,始终是受内部的、隐蔽的规律支配的,并且懂得如何发现这种规律。有了马克思主义哲学这一科学理论的指导,无产阶级就能够正确认识事物发展的客观规律,就能够借用这一伟大认识工具去改变世界。包括旧唯物主义在内的传统哲学只能"解释"世界而不能"改变"世界,因为它们不能超越市民社会,马克思的新唯物主义同旧唯物主义及所有传统的哲学划清了界限,各种"解释世界"的哲学归根到底就是用不同方式承认现存的社会形态。马克思的哲学唯物主义是以超越资产阶级社会,实现共产主义,为无产阶级争取解放、进而解放全人类作为自己的目标的。反过来说,现代无产阶级也只有借助新唯物主义这一利器,才能形成表达自己客观历史使命的阶级意识,才能形成与本阶级使命相匹配的世界观,并以此改造世界。由此,列宁经过综合分析得出结论:"马克思的哲学是完备的哲学唯物主义,它把伟大的认识工具给了人类,特别是给了工人阶级。"②

二、理论的基石:剩余价值学说与马克思经济理论

马克思主义政治经济学是马克思主义的又一重要组成部

---

① 《马克思恩格斯全集》第 28 卷,人民出版社 2018 年版,第 367 页。
② 《列宁全集》第 23 卷,人民出版社 2017 年版,第 45 页。

分，它的任务是揭示资本主义社会经济运动的规律。列宁指出，马克思特别注意研究经济制度，因为"经济制度是政治上层建筑借以树立起来的基础"[①]。促使马克思的研究转向经济问题的契机是做《莱茵报》编辑期间写作的《关于林木盗窃法的辩论》，这篇文章是马克思"第一次遇到要对所谓物质利益发表意见的难事"[②]。之后，马克思开始把研究的重心转移到经济问题上来。马克思着手对"市民社会"进行研究，阅读了大量资产阶级政治经济学著作。1867年《资本论》第一卷问世。马克思把一生中的黄金时段都用于分析资本主义的经济过程，从而完成了对资本主义经济运动规律的伟大发现，建立了无产阶级的政治经济学说。

在马克思写作《资本论》之前，恩格斯的《国民经济学批判大纲》就为研究政治经济学奠定了理论基础。在这篇著作中，恩格斯分析了资产阶级政治经济学的阶级实质及其产生、发展的历史条件。资产阶级政治经济学是个颇为庞大的体系，恩格斯没有纠缠枝节问题，而是抓住了构成这个理论基础的那些范畴，如价值、生产费用、资本和利润、土地所有权和地租、劳动等，并逐一进行分析批判。他正确地指出，价值是资本主义经济的第一个范畴。这显示出恩格斯对资产阶级政治经济学及资本主义经济关系的敏锐洞察。在《国民经济学批判大纲》中，

[①]《列宁全集》第23卷，人民出版社2017年版，第45页。
[②]《马克思恩格斯选集》第2卷，人民出版社2012年版，第1页。

恩格斯以竞争为中心环节，分析了资本主义制度的内在矛盾。恩格斯指出，竞争的规律是自然的规律，是孕育着革命的规律，资本主义的经济历史已经证明经济危机每隔 5—7 年会发生一次，"这种危机就像彗星一样定期再现"[①]，"这一切都促使我们要用消灭私有制、消灭竞争和利益对立的办法来消灭这种人类堕落"[②]。这篇著作是恩格斯的世界观从唯心主义转到唯物主义，政治立场从革命民主主义转到共产主义的标志。正因为这个原因，马克思后来把这篇著作称为"批判经济学范畴的天才大纲"，还在《资本论》中多次引用此文的观点和材料。

马克思在《资本论》中系统阐释了劳动价值理论和剩余价值理论。劳动价值理论是剩余价值理论的基础。列宁指出："马克思以前的古典政治经济学是在最发达的资本主义国家英国形成的。亚当·斯密和大卫·李嘉图通过对经济制度的研究奠定了劳动价值论的基础。马克思继续了他们的事业。他严密地论证了并且彻底地发展了这个理论。"[③]也就是说，马克思的劳动价值理论是在扬弃英国古典政治经济学的思想基础上形成的。从 17 世纪中叶到 19 世纪初，劳动价值理论是资产阶级反对封建制度、发展社会生产的理论武器。资产阶级古典经济学在劳动价值理论的研究中取得了瞩目的成就。李嘉图把劳动决定价值的命题，看作是政治经济学上的一个极端重要的学说，

---

① 《马克思恩格斯选集》第 1 卷，人民出版社 2012 年版，第 35 页。
② 《马克思恩格斯选集》第 1 卷，人民出版社 2012 年版，第 43 页。
③ 《列宁专题文集·论马克思主义》，人民出版社 2009 年版，第 69 页。

并力图在劳动价值理论的基础上说明资本主义的经济关系。由于阶级局限性及研究方法上的缺陷，李嘉图的劳动价值论存在严重的错误，形成了两个无法解决的难题：第一，李嘉图认为资本和劳动的交换应该是等价的。工人出卖的活劳动应该等于工资中所包含的物化劳动。这样一来，利润就无法产生了，反之如果不实行等价交换，又破坏了价值规律。第二，李嘉图坚持认为价值规律在资本主义经济的整个过程中始终不变地发挥作用。如此一来，资本有机构成不同或资本周转速度不同的各生产部门之间，等量资本就不可能获得等量利润。这与资本为现实存在的事实是相违背的。反之，如果允许以等量资本获得等量利润的原则确定商品的价值，那么劳动价值论就无法成立了。对于资产阶级古典经济学家来说，这是一个两难的问题。

自19世纪50年代起，从创作《伦敦笔记》到完成《资本论》第一卷的著述，马克思展开了长达二十余年的深度探索。他解决了李嘉图所无法解决的难题，建立了科学的劳动价值理论。资产阶级古典经济学家历来把使用价值和交换价值说成是价值的两种属性，忽视了价值所具有的物质性，否定了价值特有的社会性。马克思运用唯物辩证法，剔除了他们理论中的唯心主义倾向。他明确指出，在价值概念研究中，"有必要对唯心主义的叙述方法作一纠正，这种叙述方法造成一种假象，似乎探讨的只是一些概念的规定和这些概念的辩证法。因此，首先是弄清这样的说法：产品（或活动）成为商品；商品成为交

《马克思学说的历史命运》《马克思主义的三个来源和三个组成部分》精学导读

换价值;交换价值成为货币"①。在《1857—1858 年经济学手稿》中,马克思分析了商品的二因素,说明了生产商品的劳动所具有的二重性质。由于劳动二重性理论的提出,"劳动创造价值"这个古老的命题被赋予了崭新的意义。劳动创造价值是指抽象劳动创造价值,"任何一个商品的价值,都是由生产这个商品所消耗的社会必要劳动时间的数量决定的"②。马克思的这一理论创见,说明了价值是一定生产关系的体现,这种分析彻底克服了资产阶级古典经济学价值理论中非社会性和非历史性的致命缺陷,揭示了资本的社会性和历史性,揭开了盖在资本身上的永恒的、神秘的面纱。"资本不是物,而是一定的、社会的、属于一定历史社会形态的生产关系,后者体现在一个物上,并赋予这个物以独特的社会性质。"③

"马克思在《资本论》序言中写道,'本书的最终目的就是揭示现代社会〈即资本主义社会,资产阶级社会〉的经济运动规律'。"④研究这个历史上一定的社会的生产关系的发生、发展和衰落,就是马克思经济学说的内容。在资本主义社会里,商品生产占统治地位,所以马克思的政治经济学也就从分析商品入手。马克思对劳动力这一特殊商品的分析,揭示了剩余价

---

① 《马克思恩格斯全集》第 46 卷(上册),人民出版社 1979 年版,第 97 页。
② 《列宁全集》第 23 卷,人民出版社 2017 年版,第 46 页。
③ 《马克思恩格斯选集》第 2 卷,人民出版社 2012 年版,第 644 页。
④ 《列宁全集》第 26 卷,人民出版社 2017 年版,第 62 页。

值的源泉。通过前期对劳动价值理论的剖析，马克思已经认识到，在资本和雇佣劳动的交换关系中，"工人拿自己的劳动力换到生活资料，而资本家拿他的生活资料换到劳动，即工人的生产活动，亦即创造力量。工人通过这种创造力量不仅能补偿工人所消费的东西，并且还使积累起来的劳动具有比以前更大的价值"①。这一论述中其实已显露出劳动力商品学说的雏形，此后，马克思在《1857—1858年经济学手稿》中，进一步提出了劳动力商品学说，区分了"劳动"和"劳动力"的概念。工人出卖的只是对自己"劳动能力的支配权"，劳动实质上只是"劳动能力"的使用价值实际发挥作用的过程。在此基础上，马克思又进一步区分了"劳动能力"价值和"劳动能力"的使用价值。"劳动能力"的价值是"工人的劳动时间中体现工人本人所得价值所占的那部分时间"②，马克思指出："在资本方面表现为剩余价值的东西，正好在工人方面表现为超过他作为工人的需要，即超过他维持生命力的直接需要的剩余劳动。"③这样，马克思就把剩余价值归结为剩余劳动，并把剩余劳动归结为"劳动能力"的使用价值创造的价值超过"劳动能力"自身价值的余额。换言之，在资本同劳动的交换中，工人出卖给资本家的是劳动力，而不是劳动。工人获得的工资是劳动力价值的转化形式，资本获得的是劳动力的使用价值。"工人用工

---

① 《马克思恩格斯选集》第1卷，人民出版社2012年版，第342页。
② 《马克思恩格斯全集》第38卷，人民出版社2019年版，第400页。
③ 《马克思恩格斯全集》第30卷，人民出版社1995年版，第286页。

《马克思学说的历史命运》《马克思主义的三个来源和三个组成部分》精学导读

作日的一部分来抵偿维持本人及其家庭生活的开支（工资），工作日的另一部分则是无报酬地劳动，为资本家创造剩余价值，这也就是利润的来源，资本家阶级财富的来源。"[①] 由此一来，马克思在劳动价值论的基础上阐明了剩余价值的来源。

从政治经济学说的发展史来看，马克思对资本积累的分析也是极其重要和新颖的。资本积累就是把一部分剩余价值转化为资本，不是用它来满足资本家的个人需要或私欲，而是把它投入新的生产。马克思指出，先前的整个古典政治经济学从亚当·斯密起的一个错误就在于，他认为剩余价值在转化为资本时，全部都可用作可变资本。而事实上，剩余价值分为生产资料和可变资本。马克思一开始就是从资本和雇佣工人的对立关系上理解资本积累的。他在 19 世纪 40 年代就已指出，资本所积累的财富是对工人劳动的剥夺，"劳动为富人生产了奇迹般的东西，但是为工人生产了赤贫。劳动生产了宫殿，但是给工人生产了棚舍"[②]。在资本主义发展和资本主义转变为社会主义的过程中，不变资本部分比可变资本部分增长得快，是具有重大意义的。马克思曾用下面的一段名言说明资本主义积累的历史趋势："现在要剥夺的已经不再是独立经营的劳动者，而是剥削许多工人的资本家了。这种剥夺是通过资本主义生产本身的内在规律的作用，即通过资本的集中进行的。一个资本家

[①]《列宁全集》第 23 卷，人民出版社 2017 年版，第 46 页。
[②]《马克思恩格斯选集》第 1 卷，人民出版社 2012 年版，第 53 页。

第五章　马克思主义具有严整的科学体系

打倒许多资本家。随着这种集中或少数资本家对多数资本家的剥夺，规模不断扩大的劳动过程的协作形式日益发展，科学日益被自觉地应用于技术方面，土地日益被有计划地利用，劳动资料日益转化为只能共同使用的劳动资料，一切生产资料因作为结合的、社会的劳动的生产资料使用而日益节省，各国人民日益被卷入世界市场网，从而资本主义制度日益具有国际的性质。"①马克思指出，在资本主义积累的进程中，对工人阶级的剥削和压迫逐渐加深，导致工人阶级的反抗也不断增长。所以列宁这样说："资本主义制度在使工人愈来愈依赖资本的同时，创造着联合劳动的伟大力量"②，这个伟大力量就是最具革命性的无产阶级联合体。

当资本主义的发展与生产关系不相适应的时候，资本主义的基本矛盾就会难以控制，经济危机频发，社会矛盾加剧，由此无产阶级的生活状况越发艰难，此时就会发生毁灭资本主义自身的伟大变革。正如马克思在《资本论》中所说："生产资料的集中和劳动的社会化，达到了同它们的资本主义外壳不能相容的地步。这个外壳就要炸毁了。资本主义私有制的丧钟就要响了。剥夺者就要被剥夺了。"③从历史发展的辩证法来看，资产阶级今日的辉煌不过是为共产主义的到来积蓄力量，准备相应的物质基础和思想文化基础。"资本主义

---

①《马克思恩格斯文集》第5卷，人民出版社2009年版，第873—874页。
②《列宁全集》第23卷，人民出版社2017年版，第47页。
③《马克思恩格斯文集》第5卷，人民出版社2009年版，第874页。

在全世界获得了胜利，但是这一胜利不过是劳动对资本的胜利的前阶。"①

三、真正的出路：阶级斗争学说与科学社会主义

空想社会主义这一学说最早见于 16 世纪托马斯·莫尔的《乌托邦》一书，是先贤柏拉图的理想国与欧洲不公现实的冲撞产物。正如列宁所指出的："当农奴制被推翻，'自由'资本主义社会出现的时候，一下子就暴露出这种自由意味着压迫和剥削劳动者的一种新制度。于是反映这种压迫和反对这种压迫的各种社会主义学说就立刻产生了。但是最初的社会主义是空想社会主义。"②

在文艺复兴思潮的人文主义氛围的影响下，与托马斯·莫尔同时代，有相当一批人探索过这种思想，但一般认为莫尔为空想社会主义的第一奠基人。不过，在莫尔的时代并无"社会主义"这个词，"社会主义"一词是 19 世纪初圣西门创造的。空想社会主义思想由圣西门、傅立叶、欧文推向了高潮。1803 年，圣西门发表了他的第一部著作《一个日内瓦居民给当代人的信》，书中提出了他的空想社会主义的基本观点。同年，傅立叶在《全世界和谐》中尖锐地批判资本主义制度，预言其将

---

① 《列宁全集》第 23 卷，人民出版社 2017 年版，第 47 页。
② 《列宁全集》第 23 卷，人民出版社 2017 年版，第 47 页。

第五章 马克思主义具有严整的科学体系

被"和谐制度"取代。作为一个资本家,欧文难能可贵地从资本主义企业生产中体察工人阶级的贫苦境遇。他明确提出,资本主义制度并非永恒的制度,建立在公有制基础之上的、实行按需分配的制度才是理想的社会制度。此外,欧文还进行了相应的共产主义实践。他在美洲创建了"新和谐公社"这一乌托邦社区实验,同时在英国汉普郡营建了"和谐大厦"。由于其理论和活动的巨大影响,欧文成为英国近代空想社会主义运动的开创者。

恩格斯说:"空想主义者的见解曾经长期支配着 19 世纪的社会主义观点,而且现在还部分地支配着这种观点。法国和英国的一切社会主义者不久前都还信奉这种见解"[1],"这种社会主义实际上直到今天还统治着法国和英国大多数社会主义工人的头脑,它是由各学派创始人的比较温和的批判性言论、经济学原理和关于未来社会的观念组成的色调极为复杂的混合物"[2]。空想社会主义者的进步意义在于,他们有着敢于对资本主义制度进行批判的大无畏英雄气概,并且把这个制度日益加深而又不可克服的矛盾提到了人们面前。他们抱着深切同情无产阶级的态度,揭露了上层统治阶级的腐败、残暴和无能,代表无产阶级和广大劳动人民诉说了遭受剥削和奴役的种种苦难。但是,"空想社会主义没有能够指出真正的出路。它既不

---

[1]《马克思恩格斯全集》第 26 卷,人民出版社 2014 年版,第 440 页。
[2]《马克思恩格斯选集》第 3 卷,人民出版社 2012 年版,第 394 页。

《马克思学说的历史命运》《马克思主义的三个来源和三个组成部分》精学导读

会阐明资本主义制度下雇佣奴隶制的本质,又不会发现资本主义发展的规律,也不会找到能够成为新社会的创造者的社会力量"①。

"这种社会主义实际上直到今天还统治着法国和英国大多数社会主义工人的头脑,它是由各学派创始人的比较温和的批判性言论、经济学原理和关于未来社会的观念组成的色调极为复杂的混合物"②,这个"现实的基础"是马克思、恩格斯发现的,是从人类历史发展规律中探寻的。唯物史观的发现阐明了社会发展的动力机制,剩余价值学说揭示了资本主义发展的规律,而能够担当新社会创造力量的主体只能是无产阶级。正如列宁所指出的,马克思批判地吸收了空想社会主义中有价值的东西,运用唯物史观所揭示的历史发展规律,以阶级斗争学说为基础,天才地创立了科学社会主义。列宁指出,要彻底推翻旧制度、建立新社会,"只有一个办法,就是必须在我们所处的社会中找出一种力量,教育它和组织它去进行斗争,这种力量可以(而且按它的社会地位来说应当)成为能够除旧立新的力量"③。列宁进一步强调,无产阶级是资本主义的"掘墓人"。无产阶级只有组织起来进行斗争,才能推翻资本主义,获得自由和解放。通过无产阶级专政来消灭阶级和阶级斗争,这是马克思主义阶级斗争理论的核心。

---

① 《列宁全集》第 23 卷,人民出版社 2017 年版,第 47 页。
② 《马克思恩格斯选集》第 3 卷,人民出版社 2012 年版,第 394 页。
③ 《列宁全集》第 23 卷,人民出版社 2017 年版,第 48 页。

第五章　马克思主义具有严整的科学体系

列宁认为，阶级斗争学说在马克思主义理论体系中占有十分重要的地位。在《马克思主义的三个来源和三个组成部分》一文中，他明确指出："马克思的天才就在于他最先从这里得出了全世界历史所提示的结论，并且彻底地贯彻了这个结论。这个结论就是阶级斗争学说。"[1]马克思主义在本质上是工人阶级的世界观，其直接任务就是指导工人阶级推翻旧社会、建立新社会。"马克思的学说直接为教育和组织现代社会的先进阶级服务，指出这一阶级的任务，并且证明现代制度由于经济的发展必然要被新的制度所代替，因此这一学说在其生命的途程中每走一步都得经过战斗，也就不足为奇了。"[2]所以，阶级斗争理论是无产阶级在任何时候都不应放弃的底线。

除此之外，列宁还认为阶级斗争理论具有方法论意义，是分析社会现象的指导性线索。在他看来，"马克思主义提供了一条指导性的线索，使我们能在这种看来扑朔迷离、一团混乱的状态中发现规律性。这条线索就是阶级斗争的理论"[3]。他斥责合法马克思主义者"把一些根本不懂阶级斗争，不懂资本主义社会所固有的必然对抗，不懂这种对抗的发展，不懂无产阶级的革命作用的人算做马克思主义者"[4]。再者，阶级斗争是区分空想社会主义与科学社会主义的重要依据。千百年来，

---

[1]《列宁全集》第23卷，人民出版社2017年版，第48页。
[2]《列宁全集》第17卷，人民出版社2017年版，第11页。
[3]《列宁全集》第26卷，人民出版社2017年版，第60页。
[4]《列宁全集》第1卷，人民出版社2013年版，第291页。

《马克思学说的历史命运》《马克思主义的三个来源和三个组成部分》精学导读

人类就有着"立即"消灭剥削阶级压迫的愿望,只是在马克思主义产生以前找不到通往美好生活的现实路径。列宁强调,空想社会主义之所以流于空想,就在于将社会变革的希望寄托在少数英雄人物身上,忽视了无产阶级的社会实践和人民群众的首创精神。只有当马克思的科学社会主义把改变现状的渴望同一定阶级的斗争联系起来,社会主义的愿望才能在千百万人的斗争过程中得以实现。"离开阶级斗争,社会主义就是空话或者幼稚的幻想。"①

列宁认为,马克思阶级斗争理论的核心是坚持工人阶级的领导权。只承认阶级斗争,不承认无产阶级专政的做法是机会主义的表现。对此问题的阐述可追溯到 1852 年马克思给魏德迈的信,其中有这样一段精彩的论述:"至于讲到我,无论是发现现代社会中有阶级存在或发现各阶级间的斗争,都不是我的功劳。在我以前很久,资产阶级历史编纂学家就已经叙述过阶级斗争的历史发展,资产阶级经济学家也已经对各个阶级作过经济上的分析。"②由此看出,阶级斗争理论是资产阶级在马克思主义以前创立的,一般而言,资产阶级也能理解并接受这一学说。因此,列宁认为,"谁要是仅仅承认阶级斗争,那他还不是马克思主义者,他还可以不超出资产阶级思想和资产阶级政治的范围。把马克思主义局限于阶级斗争学说,就是阉割

---

① 《列宁全集》第 12 卷,人民出版社 2017 年版,第 42 页。
② 《马克思恩格斯全集》第 49 卷,人民出版社 2016 年版,第 79 页。

第五章　马克思主义具有严整的科学体系

马克思主义，歪曲马克思主义，把马克思主义变为资产阶级可以接受的东西"①。以卡·考茨基为主要代表的现代机会主义，仅在资产阶级关系的领域承认阶级斗争，否认无产阶级专政的合理性和必要性，这是机会主义庸人同马克思主义者最深刻的区别。列宁强调："必须用这块试金石来检验是否真正理解和承认马克思主义。"②

马克思的阶级斗争学说在汹涌的革命浪潮中得到了充分证明。列宁说："在欧洲各国，特别是在法国，导致封建制度即农奴制崩溃的汹涌澎湃的革命，却日益明显地揭示了阶级斗争是整个发展的基础和动力。"③而 1848 年革命的失败，则证明了放弃阶级斗争的危害。"资产阶级宁愿要用奴役换取的平静，而不愿看到哪怕只是争取自由的斗争的前景。""当 1848—1849 年革命时代已经结束时，马克思便反对任何以革命为儿戏的做法了（反对沙佩尔和维利希），要求人们善于在似乎是'以和平方式'准备着新革命的新阶段进行工作。"④可见，在任何时候都不应放弃阶级斗争。

坚持马克思主义的阶级斗争学说，就要旗帜鲜明地反对各种修正主义和机会主义及其变种。伯恩施坦修正主义影响了第二国际内部大部分的思想家，他们主动放弃阶级斗争理论，向

---

①《列宁全集》第 31 卷，人民出版社 2017 年版，第 32 页。
②《列宁全集》第 31 卷，人民出版社 2017 年版，第 32 页。
③《列宁全集》第 23 卷，人民出版社 2017 年版，第 47 页。
④《列宁全集》第 26 卷，人民出版社 2017 年版，第 81 页。

《马克思学说的历史命运》《马克思主义的三个来源和三个组成部分》精学导读

资产阶级求妥协,认为可以用改良的方式为工人争取合法权益,其实质是在向资产阶级妥协,最终偏离了马克思主义的轨道。对此,列宁指出:"改良主义者各国都有,因为资产阶级到处都在想方设法腐蚀工人,使他们甘心当奴隶,不想消灭奴隶制。在俄国,改良主义者就是取消派,他们否定我们的过去,以便用关于新的、公开的、合法的党的幻想来麻痹工人。"①可见,放弃马克思的阶级斗争学说,就等于放弃无产阶级革命的领导权。

列宁鼓励工人阶级积极学习和掌握马克思主义理论,只有掌握了这个伟大的认识工具,就不会"上资产阶级任何改良的当"②;马克思主义理论给工人阶级指明了现实解放的道路,即通过无产阶级革命的方式实现共产主义,这也是马克思主义致力于"改造世界"的奥义所在。不能因为资本主义发生了新变化,就否定阶级斗争的理论,也不能因为资产阶级福利政策的调整,就认为消除了阶级矛盾。列宁在领导俄国民主革命和无产阶级革命的过程中,把马克思的阶级斗争理论推向了新高潮,也进一步论证了工人阶级的出路只有实现共产主义这一途径。列宁在研究帝国主义的过程中,揭示了资本主义经济政治发展不平衡的规律,分析了俄国革命道路新特点的可能性,提出了社会主义在一国或数国首先胜利的理论。列宁的有关分析表明,新兴帝国主义国家的跳跃式发展和老牌帝国主义发展的

---

① 《列宁全集》第 24 卷,人民出版社 2017 年版,第 2 页。
② 《列宁全集》第 24 卷,人民出版社 2017 年版,第 1 页。

相对滞后,产生了资本主义发展的不平衡,因而使帝国主义战争不可避免;而战争又使帝国主义国家受到严重削弱,因而在帝国主义的链条上就出现了"薄弱环节",这就使社会主义在一个或者几个国家内获得胜利成为可能。列宁的社会主义"一国胜利论"是在帝国主义条件下对马克思、恩格斯的社会主义革命理论的重大创新和发展,它极大地激发了无产阶级的革命主动性和首创精神,为后续革命高潮的到来鼓舞了士气,振奋了信心。

四、马克思主义是完整的世界观

列宁指出,"马克思的观点极其彻底而严整,这是马克思的对手也承认的"[1]。马克思主义理论体系作为完整的科学架构,其内在逻辑关联呈现为三大构成要素的辩证统一。马克思主义哲学、政治经济学和科学社会主义三个部分构成了整个理论体系的坚实基础。"马克思的全部理论,就是运用最彻底、最完整、最周密、内容最丰富的发展论去考察现代资本主义。自然,他也就要运用这个理论去考察资本主义的即将到来的崩溃和未来共产主义的未来的发展。"[2]列宁认为,马克思经济学说研究的主要内容是历史上一定的社会的生产关系的发生、

---

[1]《列宁全集》第26卷,人民出版社2017年版,第52页。
[2]《列宁全集》第31卷,人民出版社2017年版,第80页。

《马克思学说的历史命运》《马克思主义的三个来源和三个组成部分》精学导读

发展和衰落,这一学说"使马克思的理论得到最深刻、最全面、最详尽的证明和运用"①。科学社会主义是马克思主义理论的核心,列宁指出:"马克思和恩格斯在他们的科学著作中,最先说明了社会主义不是幻想家的臆造,而是现代社会生产力发展的最终目标和必然结果。到现在为止的全部有记载的历史都是阶级斗争的历史,都是不断更替地由一些社会阶级统治和战胜另一些社会阶级的历史。"②总之,在列宁看来,马克思主义哲学、政治经济学和科学社会主义三者共同构成了一个有机联系、不可分割的马克思主义科学体系。列宁认为"决不可去掉任何一个基本前提、任何一个重要部分,不然就会离开客观真理,就会落入资产阶级反动谬论的怀抱"③。这一论断,恰恰说明了马克思主义的理论体系是"一块整钢"。

列宁认为,必须坚持马克思主义的完整的世界观,只有作为一种完整的世界观,马克思主义才能代表无产阶级的要求,反映无产阶级的利益。在阶级社会里,不同的哲学世界观背后体现着不同的阶级利益。资产阶级学者总是站在为资本主义制度进行辩护的庸俗立场上,力图将资本主义制度看作永恒的社会生产形式,他们不可能认识资本主义制度的历史局限性,更不会探讨资本主义向何处去的时代问题。空想社会主义者之所以没能正确回答资本主义向何处去的时代问题。一方面源于他

---

① 《列宁全集》第 26 卷,人民出版社 2017 年版,第 62 页。
② 《列宁全集》第 2 卷,人民出版社 2013 年版,第 1 页。
③ 《列宁全集》第 18 卷,人民出版社 2017 年版,第 341 页。

第五章　马克思主义具有严整的科学体系

们仅满足于理论批判，另一方面源于他们没有找到革命的道路和革命的主体力量。

马克思、恩格斯的《共产党宣言》，"描述了新的世界观，即把社会生活领域也包括在内的彻底的唯物主义、作为最全面最深刻的发展学说的辩证法以及关于阶级斗争和共产主义新社会创造者无产阶级肩负的世界历史性的革命使命的理论"[1]。而人类历史的全部经验，"特别是《共产党宣言》发表后半个多世纪以来世界各国无产阶级的革命斗争，都无可争辩地证明，只有马克思主义的世界观才正确地反映了革命无产阶级的利益、观点和文化"[2]。因此，列宁一生都极为重视巩固和捍卫这个世界观，尤其是在无产阶级事业面临严峻挑战的时刻，正如他所说，"即使在最困难的条件下，也要挖矿石，炼生铁，铸造马克思主义世界观以及与这一世界观相适应的上层建筑的纯钢"[3]。

《马克思主义的三个来源和三个组成部分》这篇文章，并非独立地阐明马克思主义的"三个组成部分"，更没有把"三个组成部分"割裂开来，而是以新世界观为统领，以"两个伟大发现"为理论基础，通过分析人类社会特别是资本主义社会的本质和发展规律，清楚指明无产阶级的历史使命，完整阐明马克思主义的理论体系，科学揭示马克思主义理论体系内部的

---

[1]《列宁全集》第26卷，人民出版社2017年版，第50页。
[2]《列宁全集》第39卷，人民出版社2017年版，第374页。
[3]《列宁全集》第20卷，人民出版社2017年版，第95页。

《马克思学说的历史命运》《马克思主义的三个来源和三个组成部分》精学导读

逻辑关系。值得注意的是,国内外学术界长期存在关于马克思主义的三个组成部分的论争。马克思主义的整体性问题,既是马克思主义发展史上的一个基本问题,又是当前理论研究的热点问题。

马克思主义的丰富内容及其内在联系,充分表明它是一个内容完备且逻辑严密的思想体系,是一个彻底全面的世界观。马克思的哲学思想给无产阶级指明了如何摆脱一切精神奴役的出路,政治经济学理论阐明了无产阶级在资本主义制度中的真正地位,科学社会主义学说给无产阶级指明了任务和道路,它们是紧密联系在一起的有机整体。列宁反复强调马克思主义的理论完整性和逻辑严密性。例如,"马克思学说具有无限力量,就是因为它正确。它完备而严密,它给人们提供了决不同任何迷信、任何反动势力、任何为资产阶级压迫所作的辩护相妥协的完整的世界观"[①]。列宁指出,"只有马克思的哲学唯物主义,才给无产阶级指明了如何摆脱一切被压迫阶级至今深受其害的精神奴役的出路。只有马克思的经济理论,才阐明了无产阶级在整个资本主义制度中的真正地位"[②]。这两个"只有",阐述了马克思两个伟大发现的重要意义,以及马克思主义理论体系中最基本的原理。列宁阐明了马克思主义学说体系的内在完整性。科学社会主义之所以是科学的理论,根源在于唯物史

---

① 《列宁全集》第 23 卷,人民出版社 2017 年版,第 41 页。
② 《列宁全集》第 23 卷,人民出版社 2017 年版,第 48 页。

第五章　马克思主义具有严整的科学体系

观和剩余价值理论两大发现。由此,列宁进一步揭示了马克思主义"三个组成部分"相互贯通的逻辑关系。

除此之外,马克思主义的理论完整性和思想完备性同时体现为,革命理论同革命实践、理想信念和革命精神的统一。马克思主义始终是理论和实践相统一、思想与政策相结合的整体。马克思主义不仅包含着深刻的理论,也包含着坚定的信念和高昂的革命精神。对此,列宁指出,"马克思的学说把阶级斗争的理论和实践结成一个不可分割的整体。因此,谁把冷静地肯定客观情况的理论曲解为替现状辩护,以至于尽快地使自己去适应每次革命的暂时低潮,尽快地抛弃'革命幻想'而去从事'现实主义的'小事,那他就不是马克思主义者"[①]。

马克思主义本身的严整、全面性,还要求人们必须完整准确地理解与把握其理论体系和全部精神,而不能断章取义、死记硬背马克思主义的个别词句,导致对马克思主义的理解支离破碎。在《致伊·费·阿尔曼德》中,列宁针对阿尔曼德只抓住《共产党宣言》中"工人没有祖国"这句话就否认民族战争的错误做法,明确指出这是"片面性和形式主义"的。那么,如何克服这种片面性而全面准确地把握马克思主义的完整体系呢?列宁给出了明确答案:"马克思主义的全部精神,它的整个体系,要求人们对每一个原理都要(α)历史地,(β)都要同其他原理联系起来,(γ)都要同具体的历史经验联系起来加

[①]《列宁全集》第14卷,人民出版社2017年版,第377页。

以考察。"①就是说，必须历史地、联系地、具体地看待马克思主义，而不能割断各个原理之间、理论同实际之间的内在联系，否则就会把马克思主义肢解，导致对马克思主义的理解碎片化、教条化。

---

① 《列宁全集》第 47 卷，人民出版社 2017 年版，第 445 页。

第六章　列宁的马克思主义观及其当代启示

　　《马克思学说的历史命运》和《马克思主义的三个来源和三个组成部分》这两篇文献在篇幅上虽然不长，但是却集中、凝练地呈现了列宁作为一位伟大的马克思主义者所秉持的马克思主义观。简单来说，马克思主义观就是关于马克思主义的整体性认识，是关于马克思主义的根本观点和根本看法，包含对两个基本问题的回答：一个是"什么是马克思主义"，另一个是"怎样对待马克思主义"。坚持科学的马克思主义观，是坚持和发展马克思主义的基本前提，是每一个马克思主义者的必修课。一百多年来，马克思主义发展历程中的理论斗争无不表明，各种对马克思主义的歪曲、误读、肢解、篡改等，归根到底在于不能正确地把握马克思主义的基本内涵和精神要义，不能秉持对待马克思主义的正确态度，即归根到底在于没有形成科学的马克思主义观。例如，一些学者在理论上制造出马克思与恩格斯的对立、青年马克思与晚年马克思的对立，用马克思的话来歪曲马克思、用马克思的话来歪曲恩格斯，但却标榜自己"发现"了"真正"的马克思。正如列宁所说过的那样："马克思主义是非常深刻的和多方面的学说。因此，在那些背弃马克

《马克思学说的历史命运》《马克思主义的三个来源和三个组成部分》精学导读

思主义的人提出的'理由'中，随时可以看到引自马克思著作的只言片语（特别是引证得不对头的时候），这是不足为奇的。"[①]

一、"什么是马克思主义"

"什么是马克思主义"涉及马克思主义的内涵、属性等具体问题，通过深入学习《马克思学说的历史命运》《马克思主义的三个来源和三个组成部分》两篇文献，可以形成关于这些问题的体系性认识。

1. 马克思主义是由三个组成部分构成的科学理论体系

列宁在《马克思主义的三个来源和三个组成部分》这篇文献中，明确地把马克思主义哲学、政治经济学和科学社会主义列为马克思主义的"三个组成部分"，并与其来源相结合，对各自的内容进行了扼要论述，由此形成了人们学习掌握马克思主义的基本理论框架。那么，为什么是这三个组成部分而不是其他的呢？列宁这一论断并不是个人得出的主观结论，而是对马克思主义自身内在理论逻辑的如实呈现。

恩格斯在《反杜林论》一书中完整阐释了马克思主义科学体系的内在逻辑。从《反杜林论》的内容结构上来看，全书共

[①]《列宁全集》第 32 卷，人民出版社 2017 年版，第 407 页。

第六章　列宁的马克思主义观及其当代启示

包括五个部分，即序言、引论、哲学、政治经济学、社会主义。其中，序言主要有三版，说明了《反杜林论》一书出版的历史背景。引论部分设有两章，其中心思想是阐述社会主义是怎样从空想变成科学的。哲学部分则设有十二章，恩格斯严厉批判了杜林反动的唯心主义先验论、唯心史观等，并详细、系统地论述了马克思主义的辩证唯物主义和历史唯物主义及其自然哲学，全面介绍了马克思主义哲学的主要内容。政治经济学部分主要批判了杜林的庸俗经济学观点，全面介绍了马克思在《资本论》中研究的主要观点，包括政治经济学的主要范畴、价值和价值规律等。社会主义部分批判了杜林的假社会主义，对社会主义从空想到科学的发展过程进行了总结，并论述了科学社会主义的基本理论，揭示了未来社会主义社会的基本特征。可见，在《反杜林论》中，马克思主义三个组成部分已经得到了清晰的呈现，并且恩格斯明确阐述了这三个组成部分的内在关系，他说道，"这两个伟大的发现——唯物主义历史观和通过剩余价值揭开资本主义生产的秘密，都应当归功于马克思。由于这两个发现，社会主义变成了科学"[①]。

如果说《反杜林论》是对马克思主义理论进行系统化、体系化的第一部著作，那么《马克思主义的三个来源和三个组成部分》等著作则从三个方面进一步推进了对马克思主义体系化的理解。

其一，从更加简明和提纲挈领的角度阐明了这三个组成部

[①]《马克思恩格斯选集》第 3 卷，人民出版社 2012 年版，第 402 页。

分各自的理论主张和理论焦点。其中，马克思主义哲学就是完备的唯物主义哲学，它把唯物主义贯彻到底（从自然界到人类社会），彻底改造了人类社会的历史观和政治观。在《马克思学说的历史命运》中，列宁明确强调，唯物史观是马克思主义成为科学理论的前提。因为"当时占统治地位的，是那些基本上同我国民粹主义相似的社会主义"，其最大的缺陷就在于"它们不懂得历史运动的唯物主义原理"[①]，所以不能说明资本主义社会中各个阶级的作用和意义。马克思主义政治经济学就是以剩余价值学说为基石，并在此基础上考察资本主义经济关系发展全过程的学说；科学社会主义是真正为无产阶级指明了"如何摆脱一切被压迫阶级至今深受其害的精神奴役出路"[②]的学说。

其二，从整体上明确强调了三个组成部分之间极为紧密、不容分割的内在联系。在《马克思主义的三个来源和三个组成部分》中，列宁对三个组成部分的论述在逻辑上并不是平铺直叙的简单罗列，而是存在层次的递进。在哲学部分的结尾，列宁写下"它把伟大的认识工具给了人类，特别是给了工人阶级"[③]一句，这既是对马克思主义哲学理论地位的总结，又是对马克思主义政治经济学何以能够诞生的声明。在政治经济学部分的结尾，列宁写道，"资本主义在全世界获得了胜利，但

[①]《列宁全集》第23卷，人民出版社2017年版，第1页。
[②]《列宁全集》第23卷，人民出版社2017年版，第48页。
[③]《列宁选集》第2卷，人民出版社1995年版，第311页。

第六章　列宁的马克思主义观及其当代启示

是这一胜利不过是劳动对资本的胜利的前阶"[1]。这是资本主义发展规律的必然结果，也是资本主义制度的必然走向与趋势；这是政治经济学的结论，也是科学社会主义的前提，因为正是在此基础上，科学社会主义摆脱了空想社会主义的"谴责、咒骂、幻想、臆想"，找到了能够成为新社会的创造者的社会力量——无产阶级。通过对这一行文逻辑的剖析可以看出，哲学是马克思主义的理论基础，是方法论工具；政治经济学是运用哲学对资本主义制度进行剖析得出的结果，是理论的论证；科学社会主义构成了马克思主义的理论归宿，在马克思主义科学体系中处于核心地位。马克思主义哲学和政治经济学归根到底都服务于无产阶级的解放这一历史使命，科学社会主义则集中体现了马克思主义的目的。

其三，列宁将马克思主义概括为"完备而严密"的理论体系，并认为这是马克思主义之所以能够不同任何"迷信、反动势力"妥协、拥有"无限力量"的根源。在《马克思主义的三个来源和三个组成部分》一文的最后，列宁一连用了两个"只有"，"只有马克思的哲学唯物主义，才给无产阶级指明了如何摆脱一切被压迫阶级至今深受其害的精神奴役的出路。只有马克思的经济理论，才阐明了无产阶级在整个资本主义制度中的真正地位"[2]。在列宁看来，无产阶级能够受到彻底启发和

---

[1]《列宁选集》第 2 卷，人民出版社 1995 年版，第 313 页。
[2]《列宁选集》第 2 卷，人民出版社 1995 年版，第 314 页。

教育，能够正确地、成功地进行阶级斗争，关键就在于能以完备的马克思主义作为理论指导。这三个组成部分之间逻辑的严密性，构成了无产阶级取得胜利的必要条件。这三个组成部分相互支撑，缺一不可，把其中任何一个组成部分同整体割裂开来，都会使它丧失自己原有的性质，并导致马克思主义战斗力的软化。如果没有马克思主义哲学，科学社会主义就会失去科学的世界观和方法论的理论前提；如果没有马克思主义政治经济学，社会主义也不可能从空想变为科学；当然，如果没有科学社会主义，马克思主义哲学和政治经济学就不是革命的理论，也就无法同形形色色的资产阶级学说彻底划清界限。可见，坚持这种理论体系的完备性就是捍卫马克思主义科学性的基本要求，也是确保马克思主义革命力的内在要求。

2. 马克思主义是"无产阶级的学说"

在《马克思学说的历史命运》一文开篇，列宁写道，"马克思学说中的主要的一点，就是阐明了无产阶级作为社会主义社会创造者的世界历史作用"[1]。在文章的最后，列宁又写道，"即将来临的历史时期，定会使马克思主义这个无产阶级的学说获得更大的胜利"[2]。"无产阶级的学说"不仅是列宁马克思主义观的核心论断，也是列宁对待马克思主义的基

---

[1]《列宁全集》第23卷，人民出版社2017年版，第1页。
[2]《列宁全集》第23卷，人民出版社2017年版，第4页。

第六章 列宁的马克思主义观及其当代启示

本出发点。

马克思主义绝不是远离生活的玄思遐想或书斋理论,相反,它的全部生命力深深地根植于现实生活之中,尤其是根植于对资本主义社会中无产阶级苦难生活的批判与解放之中。马克思、恩格斯经常亲身了解工人生活的各种实际情况。例如,马克思在《莱茵报》时期深入细致地了解了摩泽尔河沿岸居民的生活状况,以无可辩驳的事实揭露了资产阶级政府的反动本质。恩格斯在写作《英国工人阶级状况》一书时,花费了21个月,走访了伦敦、曼彻斯特等十几个城市和乡镇,深入工厂、矿山和居住区,在密切观察和接触中研究工人阶级的痛苦和诉求。1848年2月在英国伦敦用德文发表的《共产党宣言》是马克思、恩格斯为世界上第一个无产阶级政党——共产主义者同盟撰写的宣言书。

可见,马克思主义一经产生,就从未停止过解放无产阶级的脚步。一方面,马克思、恩格斯以深刻的思想力量创立了科学的理论体系,为无产阶级和劳动人民认识世界、改造世界提供了强大思想武器;另一方面,马克思和恩格斯又以卓越的领导才能,缔造了马克思主义政党,并投身于无产阶级运动,使无产阶级和劳动人民的解放与发展具有强有力的先进领导力量。1864年,英、法、德等国的工人代表联合起来成立了国际工人协会(即第一国际),马克思是协会的创始人之一。恩格斯说过,"马克思首先是一个革命家","斗争是他的生命要素。很少有人像他那样满腔热情、坚韧不拔和卓有成效地进行斗争"①。马克思为第一国际的成立花费了巨大心血,并长期指导其工作,可以说整个 19 世纪欧洲工人运动的潮起潮落贯穿了马克思创作的全过程,恩格斯则是第二国际的领导者和创造者。

在马克思、恩格斯的亲自领导下,在马克思主义的科学指导下,各国无产阶级和劳动人民为了求得自身的解放与发展同各种反动势力进行不懈斗争,革命运动跌宕起伏,工人运动风起云涌,在很大程度上改变了整个世界历史的格局,无产阶级的生活也因此而改变。1866 年 9 月 3 日,第一国际在日内瓦召开第一次代表大会,大会根据马克思的倡议正式提出了八小时工作制的口号;1889 年 7 月 14 日,第二国际在巴黎召开了第一次大会,大会通过了《劳工法案》及《五一节案》,并正式宣布每年的 5 月 1 日为国际劳动节。

总之,无产阶级立场是马克思主义的根本立场,而是否坚持无产阶级的利益也是检验真假马克思主义的试金石。21 世纪以来,一些自我标榜为理论创新的西方左翼学者在理论研究与建构上之所以越走越偏,就是因为他们没有做到坚持无产阶级立场不动摇。一些人将马克思主义研究的学术性、科学性与革命性相对立,消解无产阶级的理论立场。在现实中则表现为,放弃了工人的革命主体地位,求助于各种边缘群体、亚群体的诉诸文化和艺术领域的革命。与此同时,他们借助新颖形式与

---

① 《马克思恩格斯选集》第 3 卷,人民出版社 2012 年版,第 1003 页。

新奇资源的装扮，把马克思主义"时髦"化来博取眼球，为了将自己打造为学术"明星"，在话语上日益私人化、小众化、抽象化、精英化。由此一来，所谓的"理论创新"成为越来越脱离劳动者与人民群众的概念游戏，在理论上背离了正确的马克思主义观，在实践中则无助于无产阶级和劳动者的自我解放。

相反，中国的马克思主义者始终坚持将马克思主义的普遍真理与中国革命的具体实践相结合，将马克思主义置于无产阶级和劳动人民伟大解放事业的时空之中。正如毛泽东所指出的，中国共产党人苦苦追求马克思主义真理的目的，就是要"使之成为指导人民认识世界和改造世界的强大思想武器"[①]。任何脱离无产阶级解放的使命来谈论马克思主义的做法都是没有生命力的，坚持马克思主义就是要毫不动摇地聚焦人民利益，解决人民关心的问题，实现人民愿望。

二、"怎样对待马克思主义"

深入阅读以《马克思学说的历史命运》《马克思主义的三个来源和三个组成部分》为核心的相关文献，不仅可以看到列宁对什么是马克思主义的系统回答，还可以从中体悟到列宁学

---

① 习近平：《高举中国特色社会主义伟大旗帜 为全面建设社会主义现代化国家而团结奋斗——在中国共产党第二十次全国代表大会上的报告》，人民出版社2022年版，第19页。

《马克思学说的历史命运》《马克思主义的三个来源和三个组成部分》精学导读

习和坚持马克思主义的方法,从列宁对待马克思主义的基本态度中汲取经验。

1. 从原著中把握马克思主义的真谛

作为国际无产阶级革命的伟大导师和精神领袖,在 19 世纪末 20 世纪初,面对着资本主义的新变化及修正主义者对马克思主义的篡改,列宁扛起了与错误思想做斗争、捍卫马克思主义的大旗。而始终重视对马克思、恩格斯经典著作的学习,坚持从原著中把握马克思主义的基本原理,构成了列宁之所以能对各种错误思想给予坚决回击的理论根基。正如娜·康·克鲁普斯卡娅在《学习列宁的工作方法》中所说,"这种研究马克思学说的方法给列宁以武器与曲解马克思主义、阉割其革命实质的现象做斗争"[①]。

具体来说,列宁对马克思、恩格斯经典著作的学习有以下方法和特点。一是尽可能广泛地阅读原著。根据克鲁普斯卡娅的描述,在 1893 年来到圣彼得堡的时候,列宁对马克思和恩格斯著作的博览程度就使当时的俄国马克思主义者"大为惊奇"。在当时的俄国,马克思的著作是被禁止的,而列宁则努力搜寻有可能得到的一切德文和法文的马克思、恩格斯著作,他还把马克思、恩格斯著作中他最感兴趣的部分都翻译成俄文。二是

---

① 〔苏〕娜·康·克鲁普斯卡娅:《学习列宁的工作方法》,李晓萌译,中央编译出版社 2022 年版,第 19 页。

第六章　列宁的马克思主义观及其当代启示

边阅读边做摘录。列宁在阅读马克思著作时习惯不断记录，在马克思恩格斯列宁研究院里就存有很多列宁摘录马克思著作的笔记，这些笔记被列宁反复阅读并写下了自己的标注。三是在自己的著作中大量引用马克思、恩格斯原著中的表述。在出版的《什么是"人民之友"以及他们如何攻击社会民主党人？》一书中，列宁援引了《共产党宣言》《哲学的贫困》等 6 部著作中的原话。四是不仅阅读马克思、恩格斯的原著，还研究马克思的理论敌人所写的关于马克思和马克思主义的东西。这种研究方法使列宁在回击其他思潮的曲解时，能做到信手拈来，同时将各种不同观点拿来做对照比较，更有力地捍卫马克思主义。"弗拉基米尔·伊里奇（即列宁——引者注）把'批评家'的意见仔细地做成了概要，选择并摘录下其中特别鲜明、特别突出的地方，并把它们和马克思的言论对比论述。他仔细分析'批评家'的言论，尤其着重指出那些最重要和最迫切的问题，力图揭露他们的阶级实质。"[①]

　　列宁学习马克思、恩格斯原著的态度和方法为后人作出了典范。马克思和恩格斯并没有留下专门论述马克思主义基本原理的著作，尤其是没有留下章节分明的教科书著作，他们将自己创立的为无产阶级和人类解放指明方向的新理论凝结在原著中。一个人要掌握马克思主义的看家本领，首先就要学习马克

[①]〔苏〕娜·康·克鲁普斯卡娅：《学习列宁的工作方法》，李晓萌译，中央编译出版社 2022 年版，第 26 页。

《马克思学说的历史命运》《马克思主义的三个来源和三个组成部分》精学导读

思主义的基本原理,阅读马克思、恩格斯的经典著作。恩格斯指出:"一个人如果想研究科学问题,首先要学会按照作者写作的原样去阅读自己要加以利用的著作,并且首先不要读出原著中没有的东西。"①学习马克思主义不能仅仅背诵结论,只知其一不知其二,只有了解了经典作家原著中的论述,才能原原本本地领会马克思主义的精神内核,弄通马克思主义的理论逻辑,剔除似是而非的谬误。同时,通过学习马克思主义经典原著不仅可以学到基本原理,而且能学到这些基本原理是如何产生的,马克思和恩格斯是如何论证和运用的。"如果我们可以把马克思主义基本原理比喻为宝石的话,原著则包括对矿藏的开采和提炼过程。原理的发现和形成过程,其中就包括马克思和恩格斯观察问题的立场和方法。"②

习近平总书记极为重视学习马克思主义经典原著对提高理论修养、认识水平、工作能力的重大意义,他多次说到,"共产党人要把读马克思主义经典、悟马克思主义原理当作一种生活习惯、当作一种精神追求,用经典涵养正气、淬炼思想、升华境界、指导实践"③。学习马克思主义经典著作,有利于从源头上完整准确地理解马克思主义,系统掌握马克思主义科学

---

① 《马克思恩格斯文集》第 7 卷,人民出版社 2009 年版,第 26 页。
② 陈先达:《马克思主义基本原理、文本及其解读》,《光明日报》2015 年 8 月 12 日。
③ 习近平:《在纪念马克思诞辰 200 周年大会上的讲话》,人民出版社 2018 年版,第 26 页。

第六章 列宁的马克思主义观及其当代启示

真理,也有利于深化对中国特色社会主义理论体系的理解和运用。习近平总书记一再告诫我们,学习理论最有效的办法是读原著、学原文、悟原理,而对于那些脱离原著来谈论马克思主义的做法,更是一针见血地批评道:"对马克思主义的学习和研究,不能采取浅尝辄止、蜻蜓点水的态度。有的人马克思主义经典著作没读几本,一知半解就哇啦哇啦发表意见,这是一种不负责任的态度,也有悖于科学精神。"①

2. 在解决问题中灵活运用马克思主义

学习马克思主义经典著作,不等于固守马克思的具体结论。列宁不仅注重对马克思、恩格斯经典著作的阅读,更注重通过反复阅读这些著作来掌握马克思分析问题的方法——"向马克思求教",即坚持学习马克思主义原著与运用马克思主义原理相统一,注重理论与实践的结合,在解决问题中灵活运用马克思主义。仔细观察不难发现,越是在革命最困难的关头,列宁越注重对经典著作的阅读,"列宁醉心于马克思的著作,不是为了安静心性,也不是为了汲取对工人阶级的力量和工人阶级必将取得最后胜利的信心——伊里奇对此有足够的信心,而是为了向马克思'求教',以便从他那里找到对工人运动最

---

① 习近平:《在哲学社会科学工作座谈会上的讲话》,人民出版社 2016 年版,第 12 页。

迫切问题的回答"①。

在《什么是"人民之友"以及他们如何攻击社会民主党人？》一文中，列宁就明确提出，马克思主义者从马克思的理论中只是借用了宝贵的"方法"。马克思主义的唯物辩证法被列宁视作马克思主义理论中"有决定意义"的东西。列宁学习、坚持马克思主义就是要运用马克思主义的辩证方法解决无产阶级革命和社会主义实践中的新问题。马克思、恩格斯在创立"两个伟大发现"的基础上，回答了社会主义必然取代资本主义的课题，这是19世纪末马克思主义的重大时代课题。19世纪末，资本主义经济关系发生了深刻变化，资本主义逐步发展到帝国主义阶段，出现了马克思、恩格斯未曾见过的新特点，马克思主义面临的时代课题也随之发生转变。列宁抓住"资本主义的自由竞争为资本主义的垄断所代替"这一经济上的基本事实，提出了经济和政治发展的不平衡是资本主义的绝对规律，创造性回答了社会主义革命如何获得成功，以及经济文化相对落后的国家如何实现向社会主义过渡、如何建设社会主义等问题，创立了列宁主义。列宁主义将马克思、恩格斯的"两个必然"现实化，在20世纪把马克思主义真理推向一个新的历史阶段。可见，列宁主义本身就是实际行动中的马克思主义，是帝国主义和无产阶级革命时代的马克思主义。

---

① 〔苏〕娜·康·克鲁普斯卡娅：《学习列宁的工作方法》，李晓萌译，中央编译出版社2022年版，第28页。

第六章　列宁的马克思主义观及其当代启示

列宁曾多次强调，不能在所谓"一般真理"的单纯"逻辑"发展中去寻找具体问题的答案，而是应该具体地去研究国际工人运动面临的任务和环境，研究所处时代的具体条件和革命动力，研究本国的具体国情和条件，研究国内每一个民族、阶层的具体生活、需求和利益，从这些"具体的研究"出发制定行动的目的、计划和步骤。对俄国的马克思主义者来说，如果不能把马克思主义应用到分析俄国的具体经济问题和政治问题上，就等于完全抛弃马克思主义的立脚点，就会导致马克思主义的庸俗化，"就会把马克思主义变成一种片面的、畸形的、僵死的东西，就会抽掉马克思主义的活的灵魂"[1]。

列宁认为，在如何对待马克思主义的问题上存在两种错误倾向，一种是背离马克思主义的立场和方向，另一种是不顾实际变化简单地套用马克思主义，这两种倾向虽然在表现上不同，但是其思想实质是相同的，即不理解马克思主义是普遍真理与具体真理的统一。马克思主义是普遍真理，是包含特殊于自身的"具体的普遍"或"普遍的具体"。普遍真理是对事物发展共同规律的科学总结，能帮助人们正确地认识事物的本质和规律，预见事物发展的趋势，是指导人们行动的指南，但它又必须与具体实际相结合才能发挥作用。普遍真理要在事物的具体发展进程中呈现，普遍真理依赖于具体真理，这就是真理问题上的辩证法。"我们不否认一般的原则，但是我们要求对具体

---

[1]《列宁选集》第2卷，人民出版社2012年版，第278页。

《马克思学说的历史命运》《马克思主义的三个来源和三个组成部分》精学导读

运用这些一般原则的条件进行具体的分析。抽象的真理是没有的,真理总是具体的。"①

尽管19世纪西欧资本主义的社会状况构成了马克思、恩格斯创立学说的具体"原料"和"原点",但马克思主义深入历史发展的本质中去把握现实,在内容和原则层面已然超越民族界限。作为时代精神和人类精神的精华,马克思主义以恢宏的理论视野、宽广的理论跨度、科学的理论工具、正义的理论目标成为放之四海而皆准的普遍真理。然而,作为普遍真理的马克思主义并没有穷尽关乎人类社会发展的所有问题,也无法为所有国家、所有民族提供定制方案。正如马克思主义创始人所说,"一般原理整个说来直到现在还是完全正确的",这些原理的实际运用"随时随地都要以当时的历史条件为转移"②,若有人"一定要把我关于西欧资本主义起源的历史概述彻底变成一般发展道路的历史哲学理论,一切民族,不管它们所处的历史环境如何,都注定要走这条道路",那么"我要请他原谅。(他这样做,会给我过多的荣誉,同时也会给我过多的侮辱。)"③。马克思和恩格斯所揭示的具有严谨逻辑性的理论体系,同样需要在不同国家的社会主义建设实践中进行检验、丰富和发展。

由此可见,作为真理体系的马克思主义并不是先验、抽象

---

① 《列宁全集》第12卷,人民出版社2017年版,第273页。
② 《马克思恩格斯选集》第1卷,人民出版社2012年版,第376页。
③ 《马克思恩格斯文集》第3卷,人民出版社2009年版,第466页。

的原则，它只能存在于对具体的经济问题、政治问题的谈论中，存在于对复杂的历史问题、革命问题的研究中，马克思主义的普遍真理必须具体化为适用于各民族的具体真理，"在不同的时代具有完全不同的形式，同时具有完全不同的内容"[①]。坚持马克思主义不意味着将马克思主义神圣化、绝对化，因为现实是鲜活的，现实中的问题往往会超出经典理论可以覆盖的问题域。因此，一个真正的马克思主义者就是要以贯彻马克思主义的基本立场、观点、方法为前提，以马克思主义揭示的世界观和方法论为指导，就要时刻以历史条件为转移，对出现的新问题与新矛盾进行具体分析，在解决具体问题的实际过程中实现对马克思主义普遍真理所阐释的人类社会发展规律的细化、延展与深化。这也是伟大革命导师列宁留给后人的重要启示。

三、谱写马克思主义中国化时代化的新篇章

马克思、恩格斯在19世纪中叶创立了马克思主义，并在有生之年致力于理论的深化与完善。19世纪末20世纪初，马克思主义的影响力逐步扩大，在世界各国生根与发展。列宁在领导俄国革命和建设的过程中，把马克思主义基本原理与俄国实际相结合，坚定捍卫马克思主义，并把马克思主义的发展推到了一个新的历史阶段。在21世纪的当下，马克思主义在创新

[①]《马克思恩格斯文集》第9卷，人民出版社2009年版，第436页。

发展中仍然保持着鲜活生命力。可见，马克思主义的创新发展一直以来都贯穿于马克思主义的发展史中。对于每一个马克思主义者、马克思主义政党而言，如何成功地推进马克思主义的创新与发展，是他们面临的重大课题。

在庆祝中国共产党成立100周年大会上的讲话中，习近平作出了"归根到底是因为马克思主义行"的重要论断；党的二十大报告进一步指出，"中国共产党为什么能、中国特色社会主义为什么好，归根到底是马克思主义行，是中国化时代化的马克思主义行"[1]。自从十月革命一声炮响给中国送来了马克思列宁主义，中国共产党人就始终将马克思主义看作开放而非封闭、具体而非抽象、发展而非凝固、实践而非观念的理论，始终将坚持马克思主义与解决中国实际问题相结合，始终将坚持马克思主义与发展马克思主义相统一，彰显了共产党人对待马克思主义应有的立场、态度和方法。

1. 在坚持真理中推进马克思主义中国化时代化

中国共产党人向来强调从真理的角度理解和对待马克思主义。毛泽东曾指出，我们"直到第一次世界大战和俄国十月革命之后，才找到马克思列宁主义这个最好的真理"[2]。邓小

---

[1] 习近平：《高举中国特色社会主义伟大旗帜 为全面建设社会主义现代化国家而团结奋斗——在中国共产党第二十次全国代表大会上的报告》，人民出版社2022年版，第16页。

[2]《毛泽东选集》第3卷，人民出版社1991年版，第796页。

第六章　列宁的马克思主义观及其当代启示

平强调，"马克思主义是打不倒的"，"因为马克思主义的真理颠扑不破"[①]。习近平在纪念马克思诞辰 200 周年大会上指出，我们纪念马克思"是为了宣示我们对马克思主义科学真理的坚定信念"[②]。

19 世纪末，马克思主义作为一种西方社会思潮传入中国。当时，与马克思主义同时传入中国思想界的，还有基尔特社会主义、泛劳动主义、新村主义、合作主义、互助主义、无政府主义等思想流派。在与各种思潮激烈交锋之后，马克思主义脱颖而出。就像李大钊所言："本来社会主义的历史并非自马氏始的，马氏以前也很有些有名的社会主义者，不过他们的主张，不是偏于感情，就是涉于空想，未能造成一个科学的理论与系统。"[③]在经过"问题与主义""社会主义问题"，以及与"无政府主义"的三次论战后，中国一批先进知识分子被马克思主义说理之透彻、视野之宽广、逻辑之严密所折服，认为马克思主义远远胜过以往曾接触过的其他各种学说，由此坚定了对马克思主义真理的信念。正如周恩来给天津觉悟社社员的信件中所说，"我认的主义一定是不变了，并且很坚决地要为他宣传奔走"[④]。

---

① 《邓小平文选》第 3 卷，人民出版社 1993 年版，第 382 页。
② 习近平：《在纪念马克思诞辰 200 周年大会上的讲话》，人民出版社 2018 年版，第 27 页。
③ 《李大钊文集》第 3 卷，人民出版社 2013 年版，第 4 页。
④ 《周恩来早期文集》（1912 年 10 月—1924 年 6 月）下卷，中央文献出版社、南开大学出版社 1998 年版，第 453 页。

《马克思学说的历史命运》《马克思主义的三个来源和三个组成部分》精学导读

马克思主义是科学真理，创新发展马克思主义必须以坚持马克思主义为根本前提，无"守正"即无"创新"。在马克思主义的发展历程中，恩格斯逝世前曾指定第二国际的伯恩施坦作为马克思主义的"遗嘱执行人"，但伯恩施坦在恩格斯逝世不久后即提出要修正马克思主义理论，这在当时得到了第二国际内部许多人的响应。作为第二国际领导人之一的考茨基对伯恩施坦的修正主义虽然作出了批评，但并不彻底，最终考茨基主义也倾向于修正马克思主义向实证化发展；虽然修正主义在第二国际中受到了卢森堡的坚决反对，但很遗憾卢森堡的理论并未在第二国际中占据主导地位。这段历史既是第二国际的大事件，也构成了马克思主义发展史上的大事件。如果说在当时关于修正马克思主义的争议难以厘清的话，那么以当代的眼光来看，伯恩施坦修正主义与考茨基主义并未适应时代的需要、担当起时代赋予的创新马克思主义的理论任务，且其失败的根本原因就是篡改了马克思主义的基本原理。

尽管我们所处的时代同马克思所处的时代相比发生了巨大而深刻的变化，资本主义也呈现出新的发展趋势与特征，但马克思主义所揭示的资本主义社会的基本矛盾仍然存在，资本主义的危机也尚未克服。从世界社会主义 500 年的大视野来看，我们依旧处在由十月革命所开辟的从资本主义向社会主义过渡的历史时代。要把握加速演变的世界格局和历史进程中新产生的、大量深刻复杂的现实问题，要分析把握出现的各种变化及其本质，就一刻也离不开马克思主义。马克思主义的基本结论

第六章　列宁的马克思主义观及其当代启示

和方法中蕴含着深刻的历史洞见和历史智慧，展现着真理的光芒，对于人类走向未来具有重要的启示和引领价值。只有以马克思主义作为观察当代世界变化的认识工具，才能做到"不畏浮云遮望眼"，透过现象看本质；才能深刻认识当今人类社会所面临的重大问题，探寻出人类摆脱困境的现实路径。

对当代中国来说更是如此，"马克思主义是我们立党立国的根本指导思想。背离或放弃马克思主义，我们党就会失去灵魂、迷失方向。在坚持马克思主义指导地位这一根本问题上，我们必须坚定不移，任何时候任何情况下都不能有丝毫动摇"[1]。推进马克思主义中国化时代化，开辟马克思主义在 21 世纪发展的新境界，"必须坚持守正创新"，"守正才能不迷失方向、不犯颠覆性错误，创新才能把握时代、引领时代"[2]。其中，"守正"是"创新"的前提，守正就是要始终坚持马克思主义的世界观和方法论，就是要坚守马克思主义的基本原理；追求真理，就是要坚守正道，唯有此，才能牢牢抓住马克思主义的理论精髓，才能使理论创新一脉相承；而任何对马克思主义理论的修正、篡改、背弃，不仅使马克思主义的创新发展无从谈起，也必将使社会主义革命与实践遭遇重大挫折乃至失败。正如毛泽东所说："马克思主义一定要向前发展，要随着实践的发展

---

[1]《习近平谈治国理政》第 2 卷，外文出版社 2017 年版，第 33 页。
[2] 习近平：《高举中国特色社会主义伟大旗帜　为全面建设社会主义现代化国家而团结奋斗——在中国共产党第二十次全国代表大会上的报告》，人民出版社 2022 年版，第 20 页。

而发展，不能停滞不前。停止了，老是那么一套，它就没有生命了。但是，马克思主义的基本原则又是不能违背的，违背了就要犯错误。"①

任何一个思想体系都有属于自己的基本原理，这决定了该学说的本质和性质，也是一个学说的"根"和"魂"、"本"和"源"。离开这些基本原理，马克思主义就成为空中楼阁，马克思主义的普遍真理与具体国情相结合就会成为一句空话，甚至南辕北辙。这是被马克思主义发展史和社会主义发展史所证明的一条基本规律。

2. 在发展真理中推进马克思主义中国化时代化

进入新时代以来，习近平总书记反复强调，"马克思主义是不断发展的开放的理论，始终站在时代前沿"②。党的二十大报告指出，"不断谱写马克思主义中国化时代化新篇章，是当代中国共产党人的庄严历史责任"③。一方面，中国共产党人肩负着运用马克思主义解决问题、改造社会的历史使命；另一方面，还肩负着丰富和发展马克思主义的历史使命。前者对

---

① 《毛泽东文集》第 7 卷，人民出版社 1999 年版，第 281 页。
② 习近平：《在纪念马克思诞辰 200 周年大会上的讲话》，人民出版社 2018 年版，第 9 页。
③ 习近平：《高举中国特色社会主义伟大旗帜 为全面建设社会主义现代化国家而团结奋斗——在中国共产党第二十次全国代表大会上的报告》，人民出版社 2022 年版，第 18 页。

第六章 列宁的马克思主义观及其当代启示

应马克思主义实现自身的实践要求,后者对应马克思主义发展自身的理论要求。

毛泽东曾说,"所谓真理就是在我们斗争实践中被证明了是符合客观实际的东西,它适合人民的要求"[1]。中国共产党人苦苦追求马克思主义真理的目的,就是要"使之成为指导人民认识世界和改造世界的强大思想武器"[2]。一切脱离人民的真理都是苍白无力的,一切不为人民造福的真理都是没有生命力的。坚持马克思主义就必须聚焦人民利益,解决人民关心的问题,实现人民愿望。然而,人民的利益和愿望具有历史性,并非一成不变。例如,在新民主主义革命时期、社会主义革命和建设时期、改革开放和社会主义现代化建设时期、中国特色社会主义进入新时代时期,"时代之问、人民之问"的具体内容不尽相同,马克思主义自然要随之发展,被赋予新的内涵和话语形式。

马克思主义不是封闭的、自足的实体。马克思、恩格斯并没有穷尽真理,而是为不断发展真理开辟道路。一方面,在马克思、恩格斯揭示的最高层次的社会发展规律下面,还存在各个领域的具体历史规律,人们可以将其运用到具体的实践中,甚至可以通过自己的活动改变原有规律赖以存在的条件,在新

---

[1] 《毛泽东文集》第 3 卷,人民出版社 1996 年版,第 254 页。
[2] 习近平:《高举中国特色社会主义伟大旗帜 为全面建设社会主义现代化国家而团结奋斗——在中国共产党第二十次全国代表大会上的报告》,人民出版社 2022 年版,第 19 页。

《马克思学说的历史命运》《马克思主义的三个来源和三个组成部分》精学导读

的活动中形成新的规律,这便为马克思主义的发展开辟了广阔空间。例如,后继者可以在坚持人类社会发展规律的基础上,对社会主义建设规律、共产党执政规律提出创新性的认识。另一方面,当马克思主义普遍真理与具体的时间、空间相结合时,理论内容便会与现实世界发生信息和意义交换,更新马克思主义的问题域,拓展马克思主义的理论边界,充实马克思主义的话语概念,实现对马克思主义真理体系的扩容与发展。

正如习近平总书记所说,"一部马克思主义发展史就是马克思、恩格斯以及他们的后继者们不断根据时代、实践、认识发展而发展的历史"[1]。自马克思主义传入中国以来,中国共产党人始终秉持坚持真理与发展真理相统一。一方面,通过将马克思主义基本原理同中国具体实际相结合,同中华优秀传统文化相结合,中国共产党人将马克思主义的普遍真理转化成能解决中国实际问题的"管用""好用"的具体真理。另一方面,在运用马克思主义基本原理回答中国革命、建设、改革过程中提出的新问题时,形成了毛泽东思想、中国特色社会主义理论体系、习近平新时代中国特色社会主义思想,创造出了中国化时代化的马克思主义,丰富了马克思主义的真理体系,推动了马克思主义在中国的发展、创新和飞跃。

21 世纪以来,社会主义与资本主义两种社会制度长期并

---

[1] 习近平:《在纪念马克思诞辰 200 周年大会上的讲话》,人民出版社 2018 年版,第 9 页。

存,社会主义国家如何在交流与合作、对抗与冲突中完善自己？世界百年未有之大变局加速演进，西方现代化进程的弊端日益显现，社会主义国家如何坚定道路和方向，开创全新的人类文明形态？面对新的时代之问，习近平新时代中国特色社会主义思想提出了"人类命运共同体""中国式现代化"等全新话语，以原创性的论断发展了马克思主义哲学、政治经济学和科学社会主义。习近平新时代中国特色社会主义思想，是当代中国马克思主义、21世纪马克思主义，构成了马克思主义真理体系发展的最新成果。从马克思主义到中国化时代化的马克思主义，中国共产党人不断丰富马克思主义的真理体系，使马克思主义保持蓬勃生机。

总之，马克思主义是发展着的真理，它不断从实践中吸纳新的材料与资源，在后继者的理论创新中提高自身的发展境界。倘若墨守成规、思想僵化，没有理论创新和继续发展真理的勇气，马克思主义也会失去生命力。从马克思主义到中国化时代化的马克思主义的过程，不仅是马克思主义的具体化过程，也是马克思主义的前进过程。一代又一代的中国共产党人根据时代变化和实践发展，不断深化对马克思主义的认识，不断进行理论创新，让马克思主义散发出更加耀眼的真理光芒。